南方电网能源发展研究院

南方五省区新能源发展报告

（2024年）

南方电网能源发展研究院有限责任公司　编著

中国电力出版社
CHINA ELECTRIC POWER PRESS

图书在版编目（CIP）数据

南方五省区新能源发展报告 . 2024 年 / 南方电网能
源发展研究院有限责任公司编著 . -- 北京：中国电力出
版社，2025. 3. -- ISBN 978-7-5198-9826-7

Ⅰ. F426.2

中国国家版本馆 CIP 数据核字第 2025N32A73 号

出版发行：中国电力出版社

地　　址：北京市东城区北京站西街 19 号（邮政编码 100005）

网　　址：http://www.cepp.sgcc.com.cn

责任编辑：岳　璐（010-63412339）

责任校对：黄　蓓　马　宁

装帧设计：张俊霞

责任印制：石　雷

印　　刷：北京博海升彩色印刷有限公司

版　　次：2025 年 3 月第一版

印　　次：2025 年 3 月北京第一次印刷

开　　本：787 毫米×1092 毫米　16 开本

印　　张：7

字　　数：96 千字

印　　数：001—800 册

定　　价：39.00 元

　　2023 年，全球新能源投资保持快速增长，新增投资主要集中在中国和部分发达经济体。我国持续推进能源绿色低碳发展，加强电力供应支撑体系、新能源开发利用体系、储能规模化布局应用体系、电力系统智慧化运行体系的建设，加快构建新型电力系统。2024 年 2 月，中共中央政治局就新能源技术与我国能源安全进行第十二次集体学习，会议强调要以更大力度推进我国新能源高质量发展，为中国式现代化建设提供安全可靠的能源保障，为共建清洁美丽的世界作出更大贡献。

　　2023 年，全球新能源新增发电装机容量为 4.66 亿 kW，累计装机容量达到 25.86 亿 kW。我国新能源新增装机容量超过 2.93 亿 kW，占全球新增装机容量的 62.9%；新能源累计装机容量为 10.50 亿 kW，占全球累计装机容量达 40.6%。南方五省区新能源新增装机为 4872 万 kW，累计装机容量达到 13 226 万 kW，同比增长 46%。南方五省区风电、光伏发电基本实现全额消纳，利用率继续保持全国领先水平。

　　《南方五省区新能源发展报告（2024 年）》对 2023 年风电、光伏发电、生物质发电等主要新能源开发建设、运行消纳、技术发展及成本等方面进行分析，对新能源并网特性、粤港澳大湾区绿色电力发展、新型储能发展等热点问题进行研究，探讨新能源发展趋势提出相关建议。

《南方五省区新能源发展报告（2024 年）》是南方电网能源发展研究院有限责任公司年度系列专题研究报告之一。编著本报告，旨在为能源电力行业从业者，关心新能源发展的专家、学者和社会人士提供参考。

　　本报告在编写过程中，得到了中国南方电网有限责任公司战略规划部、计划与财务部，中国南方电网电力调度控制中心，华南理工大学等部门和单位的悉心指导，在此表示最诚挚的谢意！

　　鉴于水平有限，报告难免有疏漏及不足之处，敬请批评指正！

编　者

2024 年 6 月

目 录
CONTENTS

第 1 章

发展形势与政策

1.1 宏观环境

1.1.1 国际能源发展形势

（1）能源供应形势。2023 年，全球能源危机的压力基本得到缓解，化石燃料价格从 2022 年峰值回落，但全球经济、地缘政治形势不稳定导致能源市场紧张动荡。原油、天然气、煤炭等能源价格对地缘风险、极端天气、突发事件等异常敏感，世界各国持续努力在能源安全与能源转型之间寻找平衡。

当前，国际社会化石能源占比仍较大，中短期内难以摆脱资源依赖。尽管清洁能源发展增速，全球能源转型发展加快，但现阶段可再生能源尚未能完全满足世界发展需求，传统化石能源仍占据主导地位。同时，在供应链成本飙升及全球利率上涨背景下，全球能源转型仍面临成本飙升等多重阻碍因素。

疫情和贸易壁垒等因素叠加导致的逆全球化浪潮中，国际能源供应链呈现出区域化、短链化趋势。欧美国家对中国可再生能源产品综合竞争力逐渐提升的防范态度持续增强，保护本土相关产业利益意愿不断加强，包括美国通胀削减法案、欧盟关键材料法案等一系列贸易与非贸易壁垒，在保护本土贸易，提升自身竞争力的同时抑制第三方，加剧了能源领域地缘政治博弈，恶化了能源资源和相关产业供应链不稳定性。

全球清洁能源投资逐年增加，但投资增长 90% 以上在中国及部分发达经济体。发展中国家清洁能源投资仍有较高缺口，受限因素包括利率上升、政策框架和市场机制不明确、电网基础设施薄弱、电力企业财务紧张及资金成本较高等多方面情况。

（2）新能源开发建设情况。根据国际可再生能源署（IRENA）发布的《2024年可再生能源装机容量统计报告》（Renewable Capacity Statistics 2024）数据显示，2023 年全球新能源快速增长，新能源发电❶新增装机容量为 4.66 亿 kW。其中，太阳能发电❷新增装机容量占比最大，为 3.46 亿 kW，约占新能源新增装机容量的四分之三，风力发电的新增装机容量为 1.16 亿 kW，生物质能发电的装机容量约为 0.04 亿 kW。

截至 2023 年底，全球新能源发电累计装机容量达到 25.86 亿 kW。其中太阳能发电累计装机容量为 14.19 亿 kW，风力发电累计装机容量为 10.17 亿 kW，生物质能发电累计装机容量为 1.50 亿 kW。新能源发电累计装机容量如图 1-1 所示。

图 1-1 全球新能源装机容量及增速

（3）欧盟主要能源政策。欧盟正在迅速推行相关政策措施，发布"Fit for 55"一揽子计划和"REPowerEU"能源计划，着力保障能源安全，加速能源转型。此外，欧盟委员会于 2023 年底出台了《欧洲风电行动计划》，提出"Accele-RES"倡议，鼓励成员国发布风电发展承诺与规划，改进风电拍卖制度，力争将欧盟风电装机容量从 2022 年的 204GW 提高至 2030 年的 500GW 以上。同时，欧盟理事会批准了从 2035 年起禁售新的燃油轿车和小型客货车的相关法案。根

---

❶ 除特殊说明外，本报告新能源发电指太阳能发电、风力发电和生物质能发电。
❷ 太阳能发电包括太阳能光伏发电和太阳能光热发电。

据这项法案，2030—2034 年，欧盟新乘用车和小型厢式货车二氧化碳排放量将分别较 2021 年减少 55% 和 50%，目标到 2035 年降为零。这些政策表明，欧盟在追求短期能源供给安全的同时，也开始布局长期能源绿色低碳发展。

（4）美国主要能源政策。 2023 年 4 月，美国发布《美国国家创新路径》，旨在加快推进清洁能源关键技术创新。该报告指出，美国政府正在推进一种三管齐下的方法，优先考虑"创新、示范、部署"方式，扩大美国能源转型所需技术研究，以实现美国不迟于 2035 年实现电力零碳排放、2030 年实现 50% 零排放汽车销售目标以及到 2050 年实现净零碳排放经济目标。实施计划包括：投资颠覆性创新技术研发项目，确保用适当的技术组合，以可靠、可负担、公平的方式在 2050 年前实现净零碳排放；支持新兴技术的早期部署；利用法律法规和财政激励来加速现有技术的实施和应用。

（5）亚洲典型国家主要能源政策。 2023 年 12 月，澜湄六国共同制订了《澜沧江—湄公河合作五年行动计划（2023－2027）》（以下简称《行动计划》）。《行动计划》的制定，旨在推动区域内的能源合作，实现能源的可持续发展，同时也为区域内的经济社会发展提供了强大的能源支持。其中，在能源合作方面提出以下几点：

1）加强能源政策交流，推进能源安全合作，促进能源多样化，提高能源利用效率，开展能源基础设施项目的环境、社会影响：包括跨界影响评估，研究能源转型路径，不断提高可再生能源装机比例，发展储能技术，推动向更节能、低碳、可持续的发展转型。

2）推动经济向绿色增长稳步转型，包括储能、电动汽车及零部件、绿色发展投资等领域。

3）加强可再生能源并网传输和电网现代化。支持电网基础设施发展，鼓励澜湄国家在可用性基础上实现信息共享。

4）加强各国电力规划沟通，共同促进区域电网建设、改造和重建，推动电力互联互通和电力贸易，向建立区域统一电力市场发展。

5）鼓励光伏产能技术和人才合作，共同促进光伏产业发展和绿色能源利用。

2023 年 3 月，韩国发布《碳中和绿色发展基本计划纲要和具体实施方案》（以下简称《方案》）。《方案》旨在实现 2030 年温室气体减排目标和 2050 年碳中和，具体设定了四项国家战略：高效的碳中和、民间主导创新型的碳中和绿色增长、共同合作的碳中和、适应气候和引领国际社会的主动碳中和，并制定了中长期温室气体减排政策。

2023 年 2 月，日本批准《实现绿色转型的基本方针》（以下简称《方针》），计划未来 10 年将通过投资超过 150 万亿日元实现绿色转型并同步脱碳、稳定能源供应和促进经济增长。《方针》提出：重点推进节能减排和发展可再生能源，安全利用核电，促进氢和氨使用，发展储能电池产业，促进交通绿色转型和扩大以脱碳为目的的数字投资等，旨在实现 2050 年碳中和，巩固世界能效领先地位，加快能源转型步伐，确保国家能源安全。

1.1.2　我国能源发展形势

（1）电力供需形势❶。2023 年电力系统安全稳定运行，全国电力供需总体平衡，但在极端天气、用电负荷增长以及燃料不足等特殊情况下，局部地区存在电力供应不足的问题。年初，受来水偏枯、电煤供应紧张、用电负荷增长等因素叠加影响，云南、贵州、蒙西等少数省级电网在部分时段电力供需形势较为紧张，通过源网荷储协同发力，保障了民生用电安全。夏季，各相关政府部门及电力企业提前做好充分准备，迎峰度夏期间全国电力供需形势总体平衡，各省级电网均未采取有序用电措施，创造了近年来迎峰度夏电力保供最好成效。冬季，12 月多地出现大范围强寒潮、强雨雪天气，全国近十个省级电网电力供需形势偏紧，部分省级电网通过需求侧响应等措施，保障了电力系统安全稳定运行。

电力供应和需求以及气候的不确定性等多方面因素交织叠加，给电力供需

---

❶ 中国电力企业联合会.《2023—2024 年度全国电力供需形势分析预测报告》。

形势带来不确定性。综合考虑电力消费需求增长、电源投产等情况，预计2024年全国电力供需形势总体紧平衡。迎峰度夏和迎峰度冬期间，在充分考虑跨省跨区电力互济的前提下，华北、华东、华中、西南、南方等区域中有部分省级电网电力供应偏紧，部分时段需要实施需求侧响应等措施。

（2）全国新能源发展情况❶。根据国家能源局公布数据显示，截至2023年底，我国新能源累计装机容量为10.5亿kW，其中，风电装机容量约为4.4亿kW，同比增长20.7%；太阳能发电装机容量约为6.1亿kW，同比增长55.2%。2023年，我国新能源发电新增装机容量超过2.93亿kW，其中，风电新增装机容量为0.76亿kW，太阳能发电新增装机容量超过2.17亿kW。2023年，全国风电、光伏的利用率分别为97.3%、98.0%。

1.2 发展政策

1.2.1 我国新能源发展政策

整体政策方面，2023年1月，国家能源局印发《2023年能源监管工作要点》，指出要不断扩大新能源参与市场化交易规模，完善新能源发电并网安全监管措施；同时，国家能源局综合司公开征求《新型电力系统发展蓝皮书（征求意见稿）》意见，指出要加强新能源高效开发利用体系建设。2月，国家能源局《关于加强电力可靠性管理工作的意见》指出，为有效应对新能源和分布式能源快速发展新形势，推动构建新型电力系统和实现"双碳"目标，需要进一步发挥电力可靠性管理的作用，保障电力系统安全稳定运行和高质量发展。3月，国家能源局《关于加快推进能源数字化智能化发展的若干意见》指出，要以数字化智能化技术加速发电清洁低碳转型，促进新能源发电的可靠并网及有序消纳，保障新能源资源充分开发。4月，国家能源局关于印发《2023年能

---

❶ 数据来源：国家能源局、中国电力企业联合会、全国电力工业统计快报、全国新能源消纳监测预警中心等。

源工作指导意见》的通知指出，要夯实新能源安全可靠替代基础、强化新能源并网等安全风险管控，积极稳妥推进绿色低碳转型；国家能源局综合司发布《关于加强新型电力系统稳定工作的指导意见（征求意见稿）》指出，要大力提升新能源主动支撑能力，加强新能源消纳和系统调节能力的统筹规划，提升新能源预测水平。5 月，国家能源局综合司《关于进一步规范可再生能源发电项目电力业务许可管理有关事项的通知（征求意见稿）》指出，要进一步规范可再生能源发电项目电力业务许可管理，助力推动能源绿色低碳高质量发展。6 月，国家能源局组织正式发布《新型电力系统发展蓝皮书》，提出要加强电力供应支撑体系、新能源开发利用体系、储能规模化布局应用体系、电力系统智慧化运行体系等四大体系建设，强化适应新型电力系统的标准规范、核心技术与重大装备、相关政策与体制机制创新的基础支撑作用。7 月，国家发展改革委、财政部、国家能源局《关于做好可再生能源绿色电力证书全覆盖工作　促进可再生能源电力消费的通知》指出，要做好可再生能源绿色电力证书全覆盖工作；国家发展改革委办公厅、国家能源局综合司印发 2023 年可再生能源电力消纳责任权重和 2024 年预期目标，指导可再生能源消纳工作开展。9 月，国家能源局发布 2022 年度全国可再生能源电力发展监测评价结果，作为各地区可再生能源开发建设和并网运行的基础数据；发布《关于组织开展可再生能源发展试点示范的通知》提出，到 2025 年，组织实施一批技术先进、经济效益合理、具有较好推广应用前景的示范项目，推动形成一系列相对成熟完善的支持政策、技术标准、商业模式等，有力促进可再生能源新技术、新模式、新业态发展；印发《开展新能源及抽水蓄能开发领域不当市场干预行为专项整治工作方案》的通知，指出要在新能源及抽水蓄能开发领域开展不当市场干预行为专项整治。10 月，国家能源局印发《关于进一步规范可再生能源发电项目电力业务许可管理的通知》，豁免分散式风电项目电力业务许可，明确可再生能源发电项目相关管理人员兼任范围，规范可再生能源发电项目许可登记，调整可再生能源发电项目（机组）许可延续政策，明确异地注册企业电力业务许可管理职责，加强可再生能源发电项目许可数据信息管理；国家能源局修订《可再生能源利用统计调查制度》，月报以电子版形式按原渠道报送国家能源局新能源和可再生能源司，年报以纸质和电子版形式同时报送。

风电方面，2023 年 6 月，国家能源局综合司《关于开展海上风电施工安全专项监管工作的通知》拟定在全国范围内组织开展海上风电施工安全专项监管工作；为统筹推进风电场改造升级和退役管理工作、促进风电行业高质量发展，国家能源局研究制定了《风电场改造升级和退役管理办法》。9 月，国家发展改革委等部门《关于促进退役风电、光伏设备循环利用的指导意见》指出，要加快构建废弃物循环利用体系，促进退役风电、光伏设备循环利用。

光伏方面，2023 年 1 月，国家能源局综合司《关于按月公布和报送户用光伏项目信息有关事项的通知》提出按月公布和报送户用光伏项目信息有关要求，做好户用光伏信息统计管理工作；6 月，国家能源局综合司《关于印发开展分布式光伏接入电网承载力及提升措施评估试点工作的通知》指出，为充分发挥分布式光伏在推进我国新型能源体系建设中的积极作用，着力解决分布式光伏接网受限等问题，拟在全国范围选取部分典型省份开展分布式光伏接入电网承载力及提升措施评估试点，为全面推广相关政策措施奠定基础。

其他方面，3 月，国家能源局《关于印发加快油气勘探开发与新能源融合发展行动方案（2023—2025 年）的通知》指出，要坚持油气勘探开发与新能源融合大规模发展，推动油气开发企业提高油气商品供应量、新能源开发利用和存储能力，推动能源清洁低碳、安全高效开发利用；5 月，国家能源局《关于修订印发火力发电、输变电、陆上风力发电、光伏发电建设工程质量监督检查大纲的通知》对风光工程质量监督检查工作进行了更新，进一步确保建设工程质量。

1.2.2 南方五省区新能源发展政策

（1）广东。2022 年 4 月，广东发改委发布《关于规范集中式光伏发电项目管理有关事项的通知》（以下简称《通知》），集中式光伏发电项目备案规模急剧增长，为规范集中式光伏项目管理，引导行业健康发展，推动项目有序开发和加快投产，提出五点措施，包括全面核查已备案项目、大力推进可建项目建设、科学编制光伏发展专项规划和年度开发计划、鼓励竞争性配置资源及加强项目服务和管理。

2023 年 3 月，广东省人民政府办公厅发布《广东省推动新型储能产业高质量发展的指导意见》（以下简称《意见》）。《意见》提出，为抢占新型储能产业制高点和产业发展前沿，将新型储能产业打造成为广东省"制造业当家"的战略性支柱产业。《意见》明确了广东新型储能产业高质量发展的目标，要在新型储能产业链关键材料、核心技术和装备自主可控水平大幅提升，全产业链竞争优势进一步凸显，市场机制、标准体系和管理体制更加健全，大型骨干企业规模实力不断壮大，产业创新力和综合竞争力大幅提升。《意见》提出，到 2025 年，全省新型储能产业营业收入达到 6000 亿元，年均增长 50%以上，装机规模达到 300 万 kW。到 2027 年，全省新型储能产业营业收入达到 1 万亿元，装机规模达到 400 万 kW。《意见》鼓励企业积极开拓海外储能市场。鼓励新型储能企业组建联合体积极参与国外大型光储一体化、独立储能电站、构网型储能项目建设。

2023 年 5 月，广东发改委印发《广东省 2023 年海上风电项目竞争配置工作方案的通知》（以下简称《通知》），通过项目竞争配置，选择投资能力强、经营业绩佳技术水平高、创新能力强、诚信经营好的开发主体获得广东省海上风电项目开发权，推动项目规模化开发，促进技术进步和成本下降，尽快实现平价开发；按照"公平公正公开、鼓励技术进步、加快降本增效、促进产业发展"的原则开展海上风电项目竞争配置，对申报情况进行综合评分排序，作为遴选项目开发主体的重要依据。《通知》指出，省管海域项目配置范围共 15 个项目、装机容量 700 万 kW；国管海域项目配置范围安排 15 个项目、共 1600 万 kW 的预选项目。

（2）广西。2023 年 9 月，广西壮族自治区发展和改革委员会发布关于印发《完善广西能源绿色低碳转型体制机制和政策措施的实施方案》（以下简称《方案》）的通知。

《方案》提出，"十四五"时期，基本建立推进能源绿色低碳发展的制度框架，形成比较完善的政策、标准、市场和监管体系，构建以能耗"双控"和非化石能源目标制度为引领的能源绿色低碳转型推进机制。《方案》提出，到 2030 年基本建立完整的能源绿色低碳发展基本制度和政策体系，基本形成以绿色低碳为导向的能源消费制度、开发利用机制和安全保供体系，完善全面支撑能源绿色低碳转型的科技创新体系、政策保障机制和治理机制，形成非化石能源既基本满足能源需求增量又稳步规模化替代化石能源存量、能源安全保障能力得到全面增强的能源生产消费格局。

（3）云南。2023 年 1 月，云南省人民政府办公厅印发了《云南省绿色能源发展"十四五"规划》（以下简称《规划》）。《规划》提到，优化布局全面有序开发风电光伏新能源。全面有序放开新能源开发，推动新能源成为未来增量电源主体。加快新能源布局规划、研究等工作，推行规划＋动态项目库管理，支持条件成熟的项目尽快启动建设，动态调整，滚动发展，宜开全开。充分利用现有调节能力，打造"风光水火储"多能互补基地，重点布局金沙江上中下游、澜沧江上中下游、红河流域、"风光水储"和曲靖"风光火储"基地；加快推进集中式复合新能源项目，打造一批新能源＋生态修复、新能源＋乡村振兴以及农光、林光互补试点示范。以整县分布式光伏、产业园区分布式光伏和多场景应用分布式光伏为重点，积极发展分布式光伏发电。

（4）贵州。2023 年 1 月，贵州省能源局、贵州省发展和改革委员会联合印发《贵州省能源领域碳达峰实施方案》（以下简称《方案》）。《方案》明确，到 2025 年非化石能源消费比重达到 20%左右、力争达到 21.6%，电能占终端用能比重达到 30%左右。到 2030 年，清洁低碳安全高效的现代能源体系初步形成，非化石能源消费比重达到 25%左右，电能占终端用能比重达到 35%左右。

《方案》提出，贵州将加快推动能源结构调整优化。大力发展风电和光伏发电，到 2025 年全省风电和光伏发电规模分别达到 1080 万、3100 万 kW，到 2030 年力争风电和光伏发电总装机规模达到 7500 万 kW；积极推动水电优化发展，到 2025 年，全省水电总装机达到 2200 万 kW 以上，到 2030 年增加到

2400 万 kW 以上，以水电与新能源相结合的可再生能源体系基本建立；因地制宜推动非化石能源非电利用，积极推进地热能开发利用，到 2025 年全省地热能供暖制冷建筑面积达到 2500 万 m^2，到 2030 年地热能供暖制冷建筑面积力争达到 5000 万 m^2；有序发展核电、氢能等清洁能源，推动核能工业供热应用示范，开展氢能产业技术研究和重大技术联合攻关，打造"一轴、一带、三线"氢能产业发展核心地带；适度引入区外清洁能源，到 2025 年，渝气入黔能力达 10 亿 m^3/年；加快构建新型电力系统，推进电源侧、电网侧和用户侧储能发展，到 2025 年，新型储能装机规模达到 100 万 kW，到 2030 年在建在运的新型储能装机规模力争达到 400 万 kW 左右。

（5）**海南**。2023 年 1 月，海南省人民政府发布关于印发《海南省"十四五"节能减排综合工作方案》的通知（以下简称《方案》）。《方案》明确，围绕海南自由贸易港建设"三区一中心"的战略定位，锚定发展和生态底线，实施节能减排重点工程，健全节能减排政策机制，强化节能降碳减污协同增效，全面提升能源资源利用效率和产出效益，确保完成"十四五"节能减排目标，为实现碳达峰碳中和目标奠定坚实基础。

1.2.3 从全球视野和发展眼光看新能源产能

近期，西方国家频频提及我国新能源汽车和光伏等新能源产能过剩，称我国新能源产品出口冲击了国际市场，对美国和其他外国公司的生存构成威胁。这一言论显然与事实相悖，且不利于全球清洁能源转型与气候合作。本报告有必要对这一问题进行探讨。

（1）**市场发挥资源配置的决定性作用，新能源产能是否过剩应由市场说了算**。当前，我国的新能源产业已经发展成为一个高度竞争的行业。其产能过剩与否，本质上是一个由市场需求决定的经济问题。在市场经济体制下，市场发挥着资源配置的决定性作用。新能源产能的快速增长，正是市场对新能源需求激增的直接回应。

此外，企业对于产能的把控，是基于市场需求预期、市场竞争策略、产品竞争力等多维度因素的深思熟虑，反映的是企业自身发展的战略规划。例如，一些企业在完成初步的技术积累和市场培育后，为抢占市场进行大量投资以获得竞争优势。这种行为在市场竞争中并不罕见，诸如半导体、汽车等产业均有类似情况。在这种情况下，应当信赖市场的自我调节机制，让供需关系在市场"看不见的手"引导下自然达到平衡，而并非被政治因素所干扰。

（2）经济全球化背景下，要立足全球市场评估新能源产品需求。 在全球化的今天，各国的市场已深度融合，形成不可分割的整体。基于比较优势理论，各国都在全球范围内利用自身的优势进行分工合作，以实现资源的优化配置。因此，需要跳出单一国家的视角，从全球需求的角度宏观地观察与分析。

随着全球绿色转型的深入推进，对新能源产品的需求将持续扩大。据国际能源署研究预测，2030 年全球新能源汽车销量将大幅增长至约 4500 万辆，是 2023 年的 3 倍多。国际能源署，《2023 年可再生能源》报告也显示，在现有政策和市场条件下 2028 年全球可再生能源装机容量预计将达到 7300GW，风能和太阳能发电将成为新增可再生能源发电量的主导力量，占比高达 95%。全球新能源市场拥有巨大的发展潜力，我国新能源产业的发展符合全球市场的需求。

我国新能源产业符合欠发达地区获得可靠电力供应的迫切需求。国际能源署数据显示，全球有超过 6 亿人不能获得可靠的电力供应。我国新能源产业的蓬勃发展带来技术进步与规模效应，推动了相关产品价格下降。国际可再生能源署报告指出，过去十年间，全球风电和光伏发电项目平均度电成本分别累计下降超过 60% 和 80%，很大程度上得益于中国创新、中国制造、中国工程。中国风电、光伏产品已出口到全球 200 多个国家和地区，有效降低了全球清洁能源使用成本，为经济欠发达地区获得清洁、可靠、用得起的电力供应提供了可能。我国实施的"非洲光带"项目，正是利用光伏产业优势，帮助解决非洲地区贫困家庭的用电照明问题。

（3）新能源产业正处于成长期，应以发展的眼光看待新能源产能问题。 全球新能源产业仍处于起步发展、快速成长的阶段。产业规模扩张促使企业不断进行技术创新和产品升级以获得竞争优势，带动了产业链的完善和技术的进步，提高了消费者对新能源产品的认知度和接受度，推动了市场蓬勃发展。同时，市场规模的扩大也为新技术的推广和应用提供了广阔的空间。随着技术的不断进步，新能源产品的性能会不断提高，成本会不断降低，从而进一步推动市场规模的扩大。这种市场规模与技术进步的良性互动关系，是新能源产业持续发展的重要保障。在足够的产业规模下，我国企业有意愿在新能源领域持续进行研发投入和产业布局，通过激烈的市场竞争，形成了在技术创新、产业链等方面的独有优势，使我国新能源产业从全球领域的跟随者迅速成长为领跑者。

产业的快速成长伴随着技术创新和快速迭代，推动了新旧生产能力的持续转换。新技术的出现显著提升了生产效率，为企业在市场中赢得了更强的竞争优势。因此，企业有很强的动力去采纳新技术，构建先进的生产能力。而基于旧有技术构建的效率较低的生产能力会自然地被市场淘汰。随着行业的逐渐发展，技术先进的优质产能将逐步取代落后产能，从而实现供需平衡。历史上汽车行业、集成电路产业和手机产业都经历过类似过程。现阶段，技术先进、价格竞争力强、更能满足市场需求的优质产能仍然是不足的。

综上所述，关于我国新能源"产能过剩"的论调是站不住脚的。我国新能源产业正在为全球绿色低碳转型做出重要贡献，未来随着全球清洁能源的不断发展，我国新能源产业仍有广阔的增长空间。应该秉持开放、合作、共赢的理念，共同推动全球新能源产业的发展和繁荣。

第 2 章

新能源总体情况

2.1　开发建设

2.1.1　新增装机容量

2023 年，南方五省区新能源发电新增装机容量为 4872 万 kW，其中，风电新增装机容量为 1296 万 kW；光伏发电新增装机容量为 3542 万 kW；生物质新增装机容量为 34 万 kW。

2023 年，南方五省区新能源新增装机容量占新增电源总装机 73.9%。新能源发电新增装机容量如图 2-1 所示。

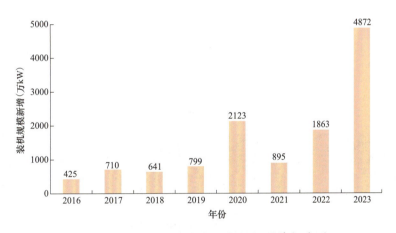

图 2-1　南方五省区新能源发电新增装机容量

2.1.2　累计装机容量

截至 2023 年底，南方五省区新能源发电累计装机容量为 13 226 万 kW，其中，风电累计装机容量为 5077 万 kW；光伏发电累计装机容量为 7268 万 kW；生物质累计装机容量为 881 万 kW。新能源发电累计装机容量同比增长 46.0%。

截至 2023 年底，南方五省区新能源发电累计装机占总电源发电装机 26.3%。新能源发电累计装机容量及增速如图 2-2 所示。

图 2-2　南方五省区新能源发电累计装机容量及增速

分省看，广东新能源发电装机规模最大，为 4627 万 kW；云南新能源发电装机规模次之，为 3653 万 kW；广西、贵州和海南新能源发电装机规模分别为 2562 万 kW、1847 万 kW 和 537 万 kW。南方五省区新能源发电累计装机情况如表 2-1 所示。

表 2-1　　　　　　南方五省区新能源发电累计装机情况　　　单位：万 kW，%

项目名称	2010 年	2015 年	2016 年	2017 年	2018 年	2019 年	2020 年	2021 年	2022 年	2023 年
1. 五省区新能源总装机	157	1603	2028	2738	3379	4178	6300	7196	9058	13 226
（1）广东	83	381	469	781	1049	1304	1629	2592	3369	4627
（2）广西	3	76	114	281	375	477	1289	1287	1717	2562
（3）云南	45	743	957	1075	1196	1230	1485	1339	1564	3653
（4）贵州	0	337	419	516	585	987	1672	1760	2075	1847
（5）海南	27	65	69	85	173	179	225	227	333	537
2. 占全国比重	4.3	7.4	8.5	8.9	9.0	9.6	11.2	10.7	11.3	12.1

2.1.3　累计装机占比

各省区新能源发电装机容量占本省电源装机容量的比重大部分呈逐步增

长趋势。截至 2023 年底，五省区新能源装机容量占本省电源装机容量的比重均已超过 20%。广西、海南新能源装机容量占本省电源装机容量的比重已超过 30%，其中，广西新能源装机容量占本省区电源装机容量的比重为 34.2%，为五省区中最高。云南新能源装机容量占本省电源装机容量的比重大幅增长达到 27.8%，如计及水电，云南可再生能源装机容量占比则高达 89.8%。广东新能源装机容量占本省电源装机容量的比重接近四分之一。贵州新能源装机容量占本省电源装机容量的比重为 21.6%。南方五省区新能源发电装机容量占本省区电源装机比情况如图 2-3 所示。

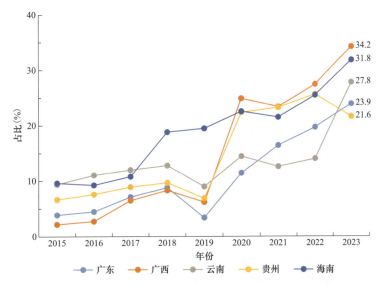

图 2-3　南方五省区新能源发电装机容量占本省区电源装机比重

2.2　运行消纳

2.2.1　发电量

2023 年，南方五省区新能源发电量为 1961 亿 kWh，同比增长 28.3%；新能源发电量占五省区总发电量的 12.1%，同比上升 1.9 个百分点。南方五省区新能源发电量及占比如图 2-4 所示。

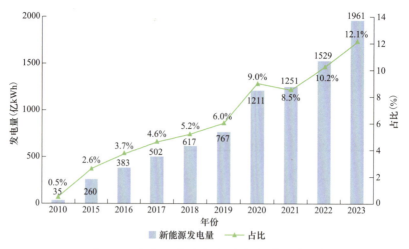

图 2-4　南方五省区新能源发电量及占比

2.2.2　利用小时数

2023 年，南方五省区全网风电利用小时数为 2300h，光伏利用小时数为 1254h，生物质发电利用小时数为 4697h。

2.2.3　消纳情况

2023 年，南方五省区新能源基本实现全额消纳，其中，风电累计利用率为 99.87%，光伏发电累计利用率为 99.70%，继续保持全国领先水平。

此外，水电装机占比高是南方五省区电源装机的主要特点之一。截至 2023 年底，南方五省区可再生能源（含常规水电及抽水蓄能）并网装机容量为 2.76 亿 kW，占总发电装机的 55.0%；全年发电量为 6262 亿 kWh，发电利用率达 99.9%。

2.3　发展展望

截至 2024 年 3 月底，五省区内新能源发电装机容量达 1.45 亿 kW，首次超过煤电，成为第一大电源。

从分省区看，截至 2024 年 3 月底，广东、广西、云南、贵州、海南新能源装机分别占各省区总装机的 27%、44%、31%、32%、44%。其中，广西、海南两省区的新能源均成第一大电源。

从时间维度看，2021—2023 年，在南方五省区新增电源中，新能源占比达 63%，分别为 1071 万、844 万、4872 万 kW。截至 2023 年底，南方五省区新能源装机总容量突破 1.32 亿 kW，较 2020 年实现翻番。

从出力贡献来看，2024 年上半年，南方五省区新能源单日最大发电量已 6 次创历史新高，最高达 10.4 亿 kWh，日发电渗透率（发电量占总装机出力的占比）最高达 31.12%，相当于当天每用 4kWh 电，就有超过 1kWh 来自新能源。

从电网安全角度来看，大规模新能源并网后应对电网复杂特性能力的不足将导致系统安全风险。新能源呈现新一轮强劲增长态势，预计全年也将保持高速增长，系统将面临调节能力不足、新能源涉网性能不足、宽频谐振等安全风险。

风　电

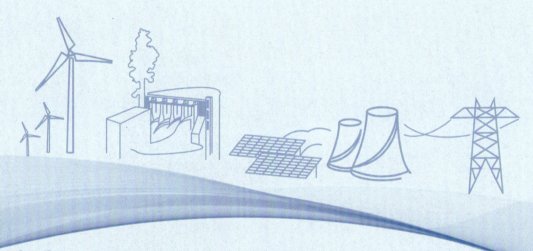

3.1　开发建设

3.1.1　新增装机容量

2023 年，南方五省区风电新增装机容量为 1296 万 kW，其中，陆上风电新增装机容量为 1050 万 kW，占风电新增装机容量的 81.2%；海上风电新增装机容量为 245 万 kW，占风电新增装机容量的 18.9%。南方五省区风电新增装机容量如图 3-1 所示。

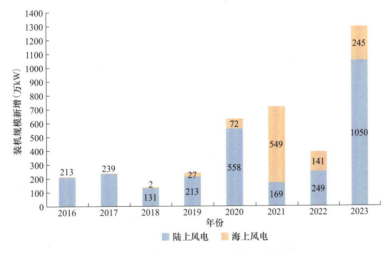

图 3-1　南方五省区风电新增装机容量

部分地方政府对海上风电给予"省补"以续接"国补"。2021 年 6 月，广东省人民政府办公厅印发《促进海上风电有序开发和相关产业可持续发展实施方案》，明确自 2022 年起，省财政对省管海域未能享受国家补贴的项目进行投资补贴，补贴范围为 2018 年底前已完成核准、在 2022—2024 年全容量并网的省管海域项目，补贴标准为 2022、2023、2024 年全容量并网项目补贴分别为 1500、1000、500 元/kW，对 2025 年起并网的项目不再补贴。2023 年 12 月，山东省人民政府印发《2024 年"促进经济巩固向好、加快绿色低碳高质量发展"政策清单（第一批）》，提出对 2023—2024 年建成并网的"十四五"海上风电项目，分别按照 500 元/kW、300 元/kW 的标准给予财政补贴，补贴规模分别不超过 340 万、160 万 kW，补贴资金分运营年度拨付到位。2023 年[1]，广东省海上风电新增装机容量为 245 万 kW，占全国海上风电新增装机容量（718 万 kW）的 34.1%。

3.1.2 累计装机容量

截至 2023 年底，南方五省区风电累计装机容量为 5077 万 kW，同比增长为 32.4%，增速比上年提升 20.4 个百分点，保持较快增长势头。分类来看，南方五省区陆上风电累计装机容量为 3993 万 kW，占南方五省区风电累计装机容量的 78.6%；海上风电累计装机容量为 1084 万 kW，占南方五省区累计风电装机容量的 21.4%，占全国海上风电累计装机容量（3770 万 kW）的 28.8%。截至 2023 年底，南方五省区海上风电全部分布在广东；广东海上风电装机容量位居全国第二，仅次于江苏[2]（1766 万 kW）。南方五省区风电累计装机容量及增速如图 3-2 所示。

图 3-2　南方五省区风电累计装机容量及增速

南方五省区风电累计装机容量在电源总装机容量中占比呈逐年增长趋势，2023 年占比较上年提升 2.7 个百分点。五省区风电装机容量占全国风电装机容量（44 134 万 kW）的 11.5%，比上年增加 1.0 个百分点。风电累计装机在五省

---

[1]　中国可再生能源学会风能专业委员会，《2023 年中国风电吊装统计简报》，2024 年 4 月。

[2]　江苏省自然资源厅，《2023 年江苏省海洋经济统计公报》，2024 年 4 月。

区电源总装机容量中的占比如图 3-3 所示。

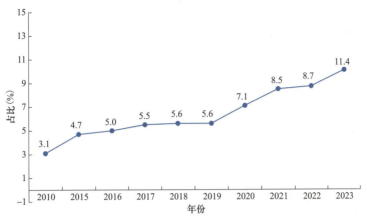

图 3-3　风电累计装机容量在五省区电源总装机容量中的占比

截至 2023 年底，广东风电装机容量为 1656 万 kW，保持在五省区首位。广东风电装机容量占五省区风电装机容量的 32.6%，同比下降 2.8 个百分点。广西风电装机容量为 1272 万 kW，云南风电装机容量为 1521 万 kW，贵州风电装机容量为 596 万 kW，海南风电装机容量为 31 万 kW。广西风电装机容量占五省区风电装机容量的 25.1%、云南占五省区风电装机容量为 30%、贵州占五省区风电装机容量为 11.7%，海南占五省区风电装机容量为 0.6%。南方五省区风电装机情况如表 3-1 所示。

表 3-1　　　　　　　　南方五省区风电装机情况　　　　　　单位：万 kW，%

项目名称	2015 年	2016 年	2017 年	2018 年	2019 年	2020 年	2021 年	2022 年	2023 年
1. 五省区小计	1255	1468	1707	1838	2078	2708	3445	3836	5077
（1）广东	246	268	335	357	443	565	1195	1357	1656
其中：海风	0	0	0	2	29	101	650	791	1084
（2）广西	40	70	150	208	287	653	755	946	1272
（3）云南	614	737	825	857	863	881	886	912	1521
（4）贵州	323	362	363	386	457	580	580	592	596
（5）海南	31	31	34	29	29	29	29	29	31
2. 占全国比重	9.8	9.9	10.4	10.0	9.9	9.6	10.4	10.5	11.5

3.1.3 累计装机占比

广东、广西和云南累计风电装机容量占本省电源装机容量的比重呈逐步增长趋势。2023 年，广西风电装机容量占本省电源装机容量的比重继续提升至17.0%，超过全国平均水平（15.1%）；云南风电累计装机容量占本省电源装机容量的比重提升较快，达 11.6%；广东、贵州两省区累计风电装机容量占本省电源装机容量的比重分别在 8.6%、7.0%；海南风电累计装机容量占比处于较低水平，仅 1.8%。南方五省区风电累计装机容量占比情况如图 3-4 所示。

图 3-4　南方五省区风电累计装机容量占比

3.2　运行消纳

3.2.1　发电量

2023 年，南方五省区风电发电量为 965 亿 kWh，同比增长 21.4%，发电量占全国风电总发电量的 11.9%，同比提升 1.5 个百分点。其中，陆上风电发电量为 768 亿 kWh，海上风电发电量为 197 亿 kWh。南方五省区风电发电量情况如表 3-2 所示。

表 3-2　　　　　　　　　　南方五省区风电发电量情况　　　　　单位：亿 kWh，%

项目名称	2015 年	2016 年	2017 年	2018 年	2019 年	2020 年	2021 年	2022 年	2023 年
1. 五省区小计	180	272	344	397	460	562	637	795	965
（1）广东	42	50	62	64	74	103	137	269	302
其中：海风	—	—	—	—	—	—	39	157	197
（2）广西	6	13	25	40	61	106	161	199	245
（3）云南	94	149	188	219	242	250	231	214	288
（4）贵州	33	55	63	68	78	97	105	109	125
（5）海南	6	6	6	5	5	6	5	5	5
2. 占全国比重	9.7	11.3	11.2	10.8	11.3	12.0	9.7	10.4	11.9

2023 年，南方五省区风电发电量占全部电源总发电量的 6.0%。广西风电发电量占本省区电源发电总量的比重最高，约为 10.9%，云南风电发电量占比为 6.9%，贵州风电发电量占比为 5.2%，广东风电发电量占比为 4.4%，海南风电发电量占比为 1.0%。南方五省区风电发电量占比如图 3-5 所示。

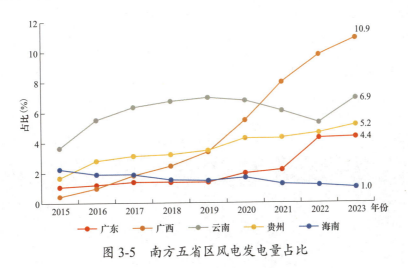

图 3-5　南方五省区风电发电量占比

3.2.2　利用小时数

2023 年，南方五省区风电平均利用小时数为 2300h，较上年增加 66h。贵州风电利用小时数增加较多，同比增加216h；其余四省区均下降，广东、广西风电利用小时数小幅下降，分别减少17、19h；云南、海南风电利用小时数下降幅度较大，分别减少56、32h，主要是由于夏季受副热带高压影响，晴热少风导致。南方五省区风电利用小时数情况如图3-6所示。

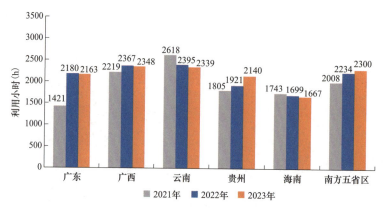

图3-6　南方五省区风电利用小时数

3.2.3　消纳情况

2023年，南方五省区风电利用率为99.87%，与上年基本持平。2023年风电利用受限主要集中在广东、云南及贵州地区，受限时段主要发生在3、10—12月，系统受限原因主要包括断面、通道受限以及系统调峰困难。近年来南方五省区风电利用率如表3-3所示。

表3-3　　　　　　　　南方五省区风电利用率　　　　　　　　单位：%

省区	2021年	2022年	2023年
广东	99.34	99.85	99.72
广西	100.00	100.00	100.00
云南	99.81	99.88	99.97
贵州	99.50	99.69	99.73
海南	100.00	100.00	99.88
合计	99.81	99.87	99.87

3.3 技术发展及成本

3.3.1 单机容量

（1）陆上风电机组容量。在北京国际风能大会暨展览会（CWP2023），三一重能发布了全球最大陆上风电机组 15MW 风电机组。该类型机组配备的发电机和叶片为自主设计，与整机设计高度协同，性能更优。延用与 919 平台机组一致的国内首创双箱变压器上置机舱技术，在减少发电损耗的同时，节约安装成本。

除此之外，备受关注的还有金风科技搭载了 24X m 风轮直径的 12.X MW 机型以及远景能源搭载了 233m 风轮直径的 8～9.1MW 机型。

（2）海上风电机组容量。我国海上风电机型 2023 年发展延续了以大型化为主的趋势。在 2022 年我国下线的最大单机容量海上风电机组实现从 11MW 提升至 18MW 后，2023 年进一步提高到 20MW，推出超大单机容量海上风电机组的厂家更多，机型产品也更为丰富。截至 2023 年底，我国已下线单机容量达到 16MW 的海上风电机型有 7 款，其中的 4 款达到 18MW 及以上。

2023 年 12 月，明阳智能下线了单机容量为 18.X～20MW、风轮直径为 260～292m 的抗台风型海上风电机组。它是全球已下线单机容量与风轮直径最大的风电机型，风电机组最大单机容量从 18MW 提高到 20MW，风轮直径从 260m 增至 292m，风电叶片长度首次超过 140m。

2023 年，运达股份下线了全球最大的漂浮式海上风电机组，单机容量达到 16～18MW，安装在中电建万宁海上漂浮式项目样机试验风电场。

3.3.2 机组技术

在近海风资源趋紧形势下，海上风电场选址逐渐走向深远海。与传统的"固定式"海上风电相比，"漂浮式"风机更适合在深远海地区规模化部署。2023

年 8 月，我国"扶摇号"浮式风电装备在智能微电网模式下运行发电。"扶摇号"由中国船舶集团海装风电股份有限公司牵头研制，是按照深远海进行设计、工程实施及测试验证的浮式风电装备，是我国自主研发的深远海漂浮式海上风电装备。它的诞生填补了我国水深 65m 以上深远海域漂浮式风电装备研制及应用空白。"扶摇号"机组轮毂中心高度为 96m，风轮直径为 152m，叶片长度为74m。"扶摇号"在广东深水海域成功示范了漂浮式海上风电装备运行发电，为我国深远海漂浮式风电的推广应用提供了技术支撑和成功经验。

3.3.3 工程造价

（1）陆上风电造价。近十年来，我国风电成本不断下降，最近几年风电成本价格下降速度加速。一方面，"风机大型化"被各个风电整机商视为降低成本的最直接选择，风机容量越大，单位装机越小；另一方面，影响风电整个成本最大的钢铁主材成本价格持续下跌，综上多个因素叠加，导致整个风电建设成本下降到较低水平。从招投标价格来看，风电的建设成本下降明显，陆上风机单位价格从近 4000 元/kW 降至 1500 元/kW（含塔筒），海上风机单位价格从7000 元/kW 左右降至 3500 元/kW（含塔筒）。

2024 年 3 月，内蒙古能源集团陆续发布内蒙古能源乌拉特中旗甘其毛都口岸 50 万 kW 灵活性绿色供电示范项目、内蒙古能源乌拉特中旗 150 万 kW 风储基地项目、内蒙古能源乌拉特后旗 100 万 kW 风储基地保障性项目等 11 个项目 EPC 总承包工程中标候选人公示结果，风电项目规模共计 910 万 kW，共采购 880 余台 10MW 风电机组，从 7 家设计院预中标的结果来看，EPC 总包报价为 2152～2721 元/kW。

（2）海上风电造价。与陆上风电相比，海上风电设备运行面对着更为严苛的海洋环境，安装成本更高，但得益于规模化和标准化效应，海上风电行业成本呈下降趋势，总体来看，我国海上风电行业已趋于成熟。从整机制造、基础施工、风机吊装等关键生产制造与施工环节来看，我国已形成支撑年新增并网规模超过千万千瓦的海上风电产业链。2023 年 11 月，水电水利规划设计总院的专家在中欧海上新能源发展合作论坛上表示，近年来，近海风电场造价范围在 1 万～1.2 万元/kW，在山东、江苏等建设条件较好区域个别项目招标价格低于 1 万元/kW。深远海风电场、漂浮式风电场造价相对较高，分别在 1.2 万～1.5 万元/kW 和 2.3 万～3 万元/kW。

3.3.4　度电成本

根据相关研究机构数据表示，2023 年海上风电平准化度电成本（LCOE）为 74 美元/MWh，相比 2022 下半年下滑了 10%。预计随着风机大型化带来的成本降低，海上风电的高利用小时数使得风电平准化度电成本持续降低。

3.4　发展展望

在海上风电方面，广东省印发《促进海上风电有序开发和相关产业可持续发展实施方案》提出，到 2025 年底，全省海上风电累计建成投产装机容量力争达到 1800 万 kW；2024 年 1 月，广东省发改委发布 2024 省重点项目计划，力争海上风电并网装机超 200 万 kW。广西防城港海上风电示范项目（180 万 kW）首批机组已于 2024 年 1 月成功实现并网发电；钦州海上风电示范项目（90 万 kW）Ⅱ标段总承包项目（装机容量为 18 万 kW）和Ⅲ标段总承包项目（装机容量为 32.19 万 kW）已完成招标。根据《广西能源发展"十四五"规划》，"十四五"期间，全区新增陆上风电并网装机不低于 1500 万 kW；全区核准开工海上风电装机 750 万 kW，其中力争新增并网装机 300 万 kW。南方区域广东、广西海上风电有较大发展空间。

在分散式风电方面，2024 年 4 月，国家发展改革委、国家能源局、农业农村部联合印发《关于组织开展"千乡万村驭风行动"的通知》，规划"十四五"期间，在具备条件的县（市、区、旗）域农村地区，建成一批就地就近开发利用的风电项目，原则上每个行政村不超过 20MW。分散式风电有望迎来大规模化发展，与集中式风电、海上风电一道成为拉动风电开发的"三驾马车"。

在海上风电造价方面，根据中国可再生能源学会风能专业委员会（CWEA）评估预测，到2025年海上风电项目平均造价为10 000～11 000元/kW，到2035年平均造价为8500～9500元/kW。根据海上风电项目平均单位千瓦造价情况，测算出未来海上风电项目到2025年的LCOE约达0.34～0.38元/kWh；到2035年达到0.21～0.23元/kWh。

第 4 章

光 伏 发 电

4.1 开发建设

4.1.1 新增装机容量

2023 年，南方五省区光伏发电新增装机容量为 3542 万 kW。其中，集中式光伏发电新增装机容量为 2509 万 kW，占光伏发电新增装机容量的 70.8%；分布式光伏发电新增装机容量 1033 万 kW，占光伏发电新增装机容量的 29.2%。南方五省区光伏发电新增装机容量如图 4-1 所示。

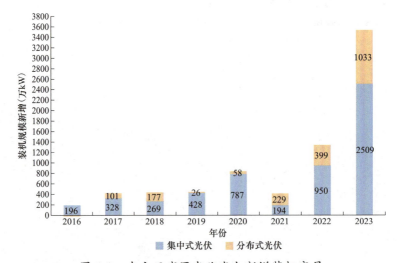

图 4-1　南方五省区光伏发电新增装机容量

4.1.2 累计装机容量

截至 2023 年底，南方五省区光伏发电累计装机容量为 7268 万 kW，同比增长 89.5%，占全国光伏发电装机的 11.9%（全国光伏发电装机容量为 60 949 万 kW❶），同比提高 0.6 个百分点。其中，集中式光伏发电装机容量为 5185 万 kW，同比增长 56.6%，占光伏发电总装机的 71.3%；分布式光伏发电装机容量为 2082 万 kW，同比增长 98.3%，增速高于集中式光伏发电 41.8 个百分点。南方五省

---

❶　数据来源：国家能源局。

区光伏发电累计装机容量及增速如图 4-2 所示。

图 4-2　南方五省区光伏发电累计装机容量及增速

　　截至 2023 年底，广东光伏发电累计装机容量为 2528 万 kW，持续居五省区首位，占五省区光伏发电累计装机容量的 34.78%。广西光伏发电累计装机容量为 1039 万 kW，云南光伏装机容量为 2066 万 kW，贵州光伏装机容量为 1187 万 kW，海南光伏装机容量为 448 万 kW。广西光伏发电累计装机容量占五省区光伏发电累计装机容量的 14.30%；云南占五省区光伏发电累计装机容量的 28.43%；贵州占五省区光伏发电累计装机容量的 16.33%；海南占五省区光伏发电累计装机容量的 6.16%。南方五省区光伏发电累计装机情况如表 4-1 所示。

表 4-1　　　　　　　　南方五省区光伏发电累计装机情况　　　　单位：万 kW，%

项目名称	2015 年	2016 年	2017 年	2018 年	2019 年	2020 年	2021 年	2022 年	2023 年
1. 五省区小计	220	416	845	1291	1745	2590	3012	4362	7268
（1）广东	62	117	332	527	610	797	1020	1590	2528
（2）广西	12	16	96	124	135	205	312	520	1039
（3）云南	117	208	238	326	350	388	397	585	2066
（4）贵州	3	46	135	178	510	1057	1137	1420	1188
（5）海南	26	29	43	136	140	143	147	246	447
2. 占全国比重	5.3	5.4	6.5	7.4	8.5	10.2	9.8	11.1	11.9

4.1.3 累计装机占比

光伏发电在南方五省区各省电源装机容量中的占比持续上升。2023 年，广东光伏发电累计装机占本省电源总装机的 13.1%，同比上升 3.8 个百分点；广西光伏发电装机占比 13.8%，同比上升 5.5 个百分点；云南光伏发电装机占比 15.7%，同比上升 10.4 个百分点；贵州光伏发电装机占比 13.9%，同比下降 3.7 个百分点（2022 年与 2023 年统计口径变化造成的差异）；海南光伏发电装机占比 26.6%，同比上升 7.8 个百分点。南方五省区光伏装机占比如图 4-3 所示。

图 4-3　南方五省区光伏发电装机容量占比

4.2　运行消纳

4.2.1　发电量

2023 年，南方五省区光伏发电量为 607 亿 kWh，同比增长 66.3%，占全国光伏发电量的 10.4%（全国光伏发电量为 5833 亿 kWh❶）。其中，广东光伏

---

❶　数据来源：国家能源局。

发电量最高，达 211 亿 kWh，同比增长 56.3%；广西光伏发电量为 81 亿 kWh，同比增长 88.4%；贵州光伏发电量为 136 亿 kWh，同比增长 23.6%；云南和海南光伏发电量同比分别增长 149.1%、90.9%，主要归功于这两省光伏发电装机高速增长。南方五省区光伏发电量情况如表 4-2 所示。

表 4-2   南方五省区光伏发电量   单位：亿 kWh，%

项目名称	2015 年	2016 年	2017 年	2018 年	2019 年	2020 年	2021 年	2022 年	2023 年
1. 五省区小计	13	36	61	94	147	201	281	365	607
（1）广东	4	8	20	30	53	74	103	135	211
（2）广西	0	1	4	9	14	17	28	43	81
（3）云南	6	23	28	33	47	50	51	55	137
（4）贵州	0	1	6	16	20	45	83	110	136
（5）海南	3	3	3	6	14	15	16	22	42
2. 占全国比重	3.5	5.5	5.2	5.3	6.6	7.7	8.6	8.5	10.4

2023 年，南方五省区光伏发电量占总发电量的比重为 3.8%，同比上升 1.4 个百分点。其中，海南光伏发电量占本省电源发电量的比重提升较大，同比提高 3.3 个百分点。南方五省区光伏发电量占比如图 4-4 所示。

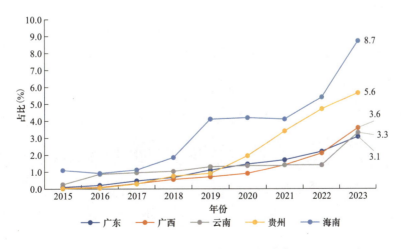

图 4-4   南方五省区光伏发电量占比

4.2.2 利用小时数

2023 年，南方五省区光伏发电利用小时数为 1254h，高于去年水平，与全国平均水平基本持平。其中，广东、云南和贵州利用小时数分别提升 130、134、274h，海南利用小时数大幅上升 541h，广西利用小时数略低于去年。南方五省区光伏发电利用小时数如图 4-5 所示。

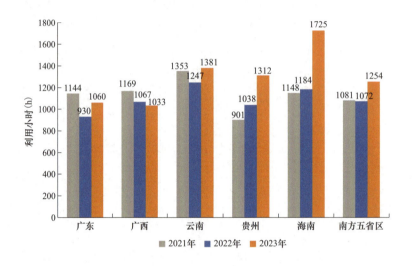

图 4-5　南方五省区光伏发电利用小时数

4.2.3 消纳情况

2023 年，南方五省区光伏发电利用率为 99.70%。近年来南方五省区光伏发电利用率见表 4-3。

表 4-3　　　　　　南方五省区光伏发电利用率　　　　　单位：%

省区	2021 年	2022 年	2023 年
广东	99.93	99.94	99.90
广西	100.00	100.00	99.99
云南	99.76	99.58	99.63

省区	2021 年	2022 年	2023 年
贵州	99.61	99.34	99.33
海南	100.00	100.00	99.74
合计	99.82	99.70	99.70

4.3　技术发展及成本

4.3.1　技术发展

（1）**2023 年市场上硅片尺寸种类多样**。2023 年，166mm 及以下硅片、182mm 方片以及微矩形硅片市场占比分别为 2.0%、47.7%、20.3%，但未来几年占比都将逐步减少，预计 166mm 及以下尺寸硅片于 2026 年左右退出市场，而 182mm 方片和微矩形片或于 2028 年后淡出市场。2023 年，210mm 方片及矩形尺寸市场占比分别为 20% 和 10%，未来市场占比或将迅速增长，有望成为市场主流尺寸，但仍需经过市场检验。

（2）**n 型电池将成为电池技术主要发展方向**。2023 年，采用 PERC 技术的 p 型单晶电池仍占据市场主导地位，其平均转换效率达到 23.4%，较 2022 年提高 0.2 个百分点。与此同时，采用 TOPCon、异质结等技术的 n 型电池平均转换效率均有所提升，分别达到 25.0%、25.2%。2023 年新投产量产以 n 型电池为主。随着产能陆续释放，n 型电池片市场占比显著提升，由 2022 年的 9.1% 提升至 26.5%，其中 n 型 TOPCon 电池片市场占比约 23.0%。

（3）**双面组件已成为市场主流**。2023 年，鉴于下游应用端对双面发电组件发电增益的广泛认可，双面组件市场占比提升至 67.0%，增长较多，远超单面组件，成为市场主流。预计未来单/双面组件市场占有率将逐渐趋于稳定。

（4）**未来市场主流逆变器类型仍有较大不确定性**。2023 年，光伏逆变器市场仍以组串式逆变器和集中式逆变器为主。其中，组串式逆变器市场占比为80%，集中式逆变器市场占比为20%。受应用场景变化、技术进步等多种因素影响，未来不同类型逆变器市场占比变化仍存在较大不确定性。

4.3.2 成本造价

2023 年，我国地面光伏系统的初始全投资成本为 3.4 元/W 左右❶，较 2022降低了 0.73 元/W。其中组件约占投资成本的 38.8%，占比较 2022 年下降 8.29个百分点。非技术成本约占 16.5%（不包含融资成本），较 2022 年下降了 2.94个百分点。工商业分布式光伏系统初始投资成本为 3.18 元/W，较 2022 年降低了 0.56 元/W。2024 年，随着组件效率稳步提升，整体系统造价将稳步降低，光伏系统初始全投资成本可下降至 3.16 元/W 左右。

2023 年，全投资模型下地面光伏电站在 1800、1500、1200、1000h 等效利用小时数的平准化度电成本（LCOE）分别为 0.15、0.18、0.23、0.27 元/kWh，分布式光伏发电系统的 LCOE 分别为 0.14、0.17、0.21、0.25 元/kWh，在全国大部分地区具有经济性。不同等效利用小时数下的平准化度电成本如图4-6 所示。

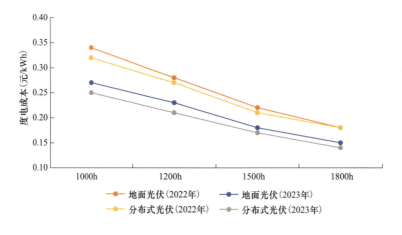

图 4-6　不同等效利用小时数下的平准化度电成本

---

❶　数据来源：2023—2024 年中国光伏产业发展路线图。

4.4 发展展望

2024 年《政府工作报告》首次提出推动分布式能源开发利用的目标，国家能源局在《2024 年能源工作指导意见》中赋予"千乡万村沐光行动"新的战略地位。在国家政策的驱动下，将推动农村分布式光伏装机规模逐步提升，也将促进农村电网的升级改造和智能化管理，推动农户低碳零碳用电，实现用电自给自主。

随着光伏产业技术加速迭代以及制造产能大幅提升，光伏项目开发的经济性将进一步提升。电池级碳酸锂价格持续跌势，在 2023 年储能度电成本降幅超过 60%，2024 年新型储能产业将延续高速发展的趋势。光伏与新型储能成本的持续下行，光伏与储能具备了协同发展的基础模式，光储协同的装机模式也将成为未来发展的重要趋势。

海上光伏能够突破土地空间和光伏发电消纳问题的约束，有望成为光伏市场的又一新"蓝海"。2023 年国家能源局发布的《2023 年能源工作指导意见》和《关于组织开展可再生能源发展试点示范的通知》提出要推动海上光伏发展，鼓励开展海上光伏试点建设，形成海上光伏开发模式。

第 5 章

生物质发电

5.1 开发建设

5.1.1 新增装机容量

2023 年，南方五省区生物质发电新增装机容量为 34 万 kW，同比减少 85 万 kW。其中，广东新增装机容量为 27 万 kW，云南、海南分别新增装机容量 4 万 kW 和 3 万 kW，广西、贵州未有新增装机。南方五省区生物质发电新增装机容量如图 5-1 所示。

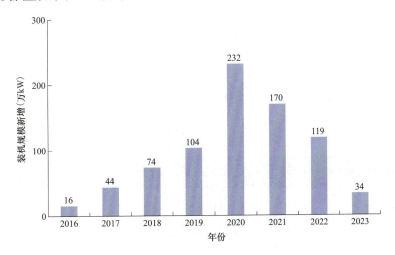

图 5-1 南方五省区生物质发电新增装机容量

5.1.2 累计装机容量

截至 2023 年底，南方五省区生物质发电装机 881 万 kW，同比增长 4.0%，占全国生物质发电装机比重由 2010 年的 6.1%提高到 20.0%。生物质累计装机容量及增速如图 5-2 所示。

广东、广西仍为南方五省区生物质发电装机容量规模的主力。截至 2023 年底，广东生物质发电装机为 443 万 kW，居五省区首位，占五省区生物质发电装机的 50.3%。广西生物质发电装机 249 万 kW，在五省区生物质发电装机的比重为 28.3%。两广地区占比接近 80%。云南生物质发电为 66 万 kW，贵州生物质发电装机为 64 万 kW，海南生物质发电装机为 59 万 kW。南方五省区生物质装机情况见表 5-1。

图 5-2　南方五省区生物质发电装机容量及增速

表 5-1　　　　　　　　　　南方五省区生物质装机情况　　　　　　单位：万 kW，%

项目名称	2010 年	2015 年	2016 年	2017 年	2018 年	2019 年	2020 年	2021 年	2022 年	2023 年
1. 五省区小计	33	117	133	177	251	355	587	757	847	881
（1）广东	21	80	91	122	165	252	287	377	416	443
（2）广西	3	14	20	25	44	54	202	225	249	249
（3）云南	9	12	12	12	13	17	19	61	62	66
（4）贵州	0	3	4	10	21	21	35	42	64	64
（5）海南	1	8	6	8	8	10	44	52	56	59
2. 占全国比重	6.1	10.5	10.9	12.0	14.1	15.7	19.9	19.9	20.8	20.0

5.1.3　累计装机占比

从整体上看，截至 2023 年底，南方五省区生物质发电装机占全部电源装机的比重为 1.8%，同比下降 0.2 个百分点。分省来看，广东生物质发电装机占本省电源装机的比重为 2.3%，同比下降 0.2 个百分点；广西的生物质发电装机占比为 3.3%，同比下降 0.7 个百分点；海南的生物质发电装机占比为 3.5%，同比下降 1.0 个百分点；在云南、贵州生物质发电装机占比在 1% 以下。

与全国平均水平对比，除云南和贵州外，其他三省（区）生物质发电占比均高于全国平均水平。南方五省区生物质发电装机占比情况如图 5-3 所示。

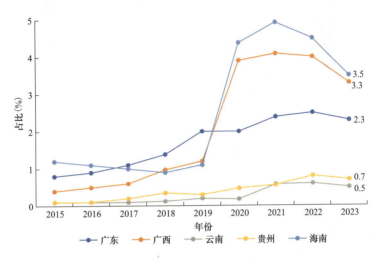

图 5-3　南方五省区生物质发电装机占比情况

5.2　运行消纳

5.2.1　发电量

2023 年，南方五省区生物质发电量 389 亿 kWh，同比增长 28.3%，占南方五省区总发电量的 2.4%。其中，广东生物质发电量 226.8 亿 kWh，占五省区生物质总发电量的 58.3%。南方五省区生物质发电量情况如图 5-4 所示。

5.2.2　利用小时数

2023 年，南方五省区生物质发电利用小时数为 4697h，比上年提高 155h。其中，广东、贵州、海南的生物质发电利用小时数较高，分别为 5751、5416、

6053h；广西、云南的生物质发电利用小时数分别为 2954、3167h。

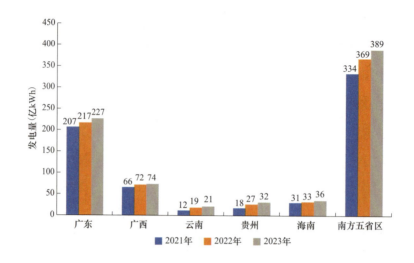

图 5-4   南方五省区生物质发电量情况

5.3   技术发展及成本

5.3.1   技术发展

生物质发电技术不断成熟。目前生物质发电应用较为成熟的技术主要有直接燃烧、共燃、气化三类。

（1）直接燃烧是指将生物质作为发电唯一燃料，技术成本低，但平均发电效率较低。目前南方五省区主要在有稳定生物质原料来源的制糖厂和林木加工企业使用直燃生物质发电技术。

（2）共燃是指以生物质代替部分煤的改进发电技术，生物质的替代比例通常是 5%～40%，当替代比例达到 35%时效率可与全煤燃烧相当，共燃发电利用大型电厂混燃发电，仅需小范围改造发电厂设备，能够利用大型电厂的规模经济，热效率高，可节省投资，国内混燃技术处于起步阶段。

（3）气化是指利用生物质加热直接形成可燃气体的燃烧发电技术，该类可燃气体可在联合循环电力生成系统中使用，且气化发电技术的能量转化效率可达 60%，技术可靠而运行成本低廉，适合农村偏远分散地区使用。

5.3.2　项目成本

（1）工程造价。**不同类型生物质项目的单位造价差异较大。**农林生物质发电项目约 8000 元/kW，成本构成以热力系统和燃料供应为主；城市生活垃圾焚烧发电项目单位日吨垃圾处理规模造价约 50 万元，成本构成以焚烧和余热系统为主；生物天然气成本较高，日万标立方米生产规模造价约 1.1 亿元，成本构成以发酵系统为主。

（2）度电成本。**生物质发电度电成本趋于平稳。**生物质发电的成本较高，度电成本下降空间和幅度低于其他能源品种。农林生物质发电项目平均度电成本为 0.45～0.55 元/kWh，垃圾焚烧发电项目平均度电成本为 0.6～0.7 元/kWh，填埋气发电、沼气发电项目平均度电成本为 0.5～0.65 元/kWh。

5.4　发展展望

生物质发电机遇与挑战并存。2020 年国家发展改革委发布的《完善生物质发电项目建设运行的实施方案》明确规定了自 2021 年 1 月 1 日起，规划内已核准未开工和新核准的生物质发电项目要全部通过竞争方式配置并确定上网电价。新纳入补贴范围的项目补贴资金由中央和地方共同承担，中央分担部分逐年调整并有序退出。但到目前仍有许多生物质发电项目未收到补助资金结算通知。国补退坡及补贴拖欠现象导致生物质发电项目的收入相应减少，部分项目盈利空间缩小，甚至陷入亏损境地，这也使得一些投资者对生物质发电项目的投资回报持更为谨慎的态度，从而影响了行业的投资规模和速度。但是，国补退坡并不意味着生物质发电行业没有发展前景，相反，这也为企业进行技术创新、产业升级和经营策略调整提供了新的机遇。

生物质发电发展规划将加快完善，逐步推动生物质发电市场化。生物质发电不仅能提供稳定可靠的可再生能源电力，还能为电力系统提供调峰服务，是我国能源转型的重要力量。需加快完善国家生物质发电发展规划，以明确生物质发电的发展原则和目标，更有效地指引生物质发电发展。未来生物质发电补贴将逐步退坡，市场化是促进生物质发电高质量发展的重要方式，需制定并逐步完善生物质发电市场化相关政策，推动生物质发电市场化。

第 6 章

新能源并网特性

6.1　同时率

2023 年，南方五省区新能源最大同时率为 56%，最小同时率为 1%❶。其中，风电最大、最小同时率分别为 65% 和 1%，光伏最大同时率可达 64%。各省区风电最大同时率普遍高于光伏，云南、海南两省新能源最大同时率较高，均超过 70%，广东新能源最大同时率较低。

全网及各省区 2023 年风电全年出力最大、最小同时率对比情况如图 6-1 所示，光伏全年出力最大同时率对比情况如图 6-2 所示。

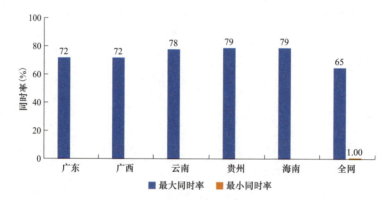

图 6-1　南方五省区 2023 年风电全年出力最大、最小同时率对比

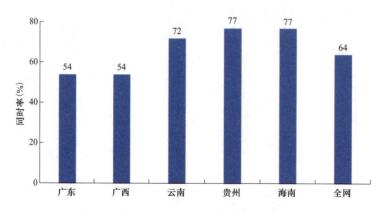

图 6-2　南方五省区 2023 年光伏全年出力最大同时率对比

---

❶　数据来源：中国南方电网电力调度中心。

6.2　出力概率分布

本节主要分析各省区在高峰低谷时段的风电、光伏发电的出力情况。由于海南新能源发电装机容量较小，在此不进行分析。一般选取每日 10:00—12:00、14:00—17:00 为负荷高峰时段，1:00—5:00 为夜间低谷时段用于风电出力概率分布分析，12:00—14:00 为午间低谷时段用于光伏出力概率分布分析。

6.2.1　风电出力特性分析

各省区风电夜间低谷出力普遍高于高峰出力。除贵州外，广东、广西、云南第三季度高峰时段风电出力整体偏小。

广东风电高峰出力小于 40% 的概率超过 90%，其中，第四季度受多轮冷空气影响，高峰时段风电出力大于 40% 的概率最大，约为三分之一，第三季度高峰时段风电出力大于 40% 的概率最小，不足 5%。广西由于反调峰特性，风电高峰顶峰能力较弱，出力高于 30% 的概率不足 30%。云南第一季度低谷时段风电出力水平高于 30% 的概率超过 70%，也即在全网负荷较低季节，风电在低谷时段反而大发。云南三季度高峰时段风电出力小于装机 20% 的概率超过了 90%，小于 10% 的出力概率超过 70%，也即在全网负荷较高季节，风电在高峰时段反而失去了支撑能力。贵州四个季度出力特性较为相似，没有明显的季节特性。

各省区风电高峰时段出力特性和低谷时段出力特性分别如图 6-3 和图 6-4 所示。

6.2.2　光伏发电出力特性分析

第一季度光伏发电高峰出力能力一般，第二季度有所上升，第三季度达到最大（40% 以上出力概率为 75%），第四季度回退与第一季度持平。

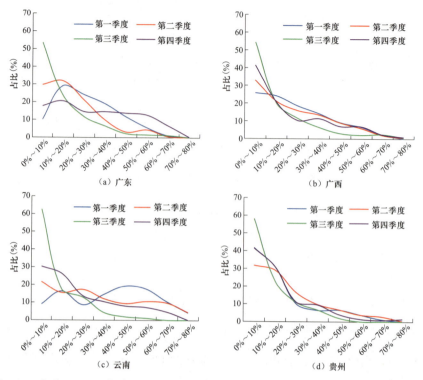

图 6-3　各省区风电高峰时段出力概率分布（10:00—12:00 与 14:00—17:00）

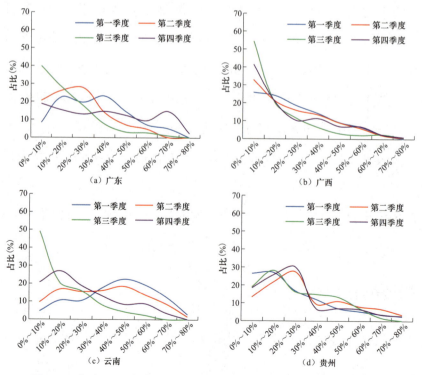

图 6-4　各省区风电夜间低谷时段出力概率分布（1:00—5:00）

广东第三季度光伏发电午间低谷高发概率较高，出力高于40%容量概率为45%，第一、二、四季度出力一般。整体高峰出力水平偏低，第三季度光伏发电高峰出力水平相对较高，出力高于40%容量概率超过20%。广西光伏发电出力特性整体则略优于广东，第三季度早高峰及午间低谷出力水平较高。云南虽然光资源全网最好，但早高峰由于时差问题，早高峰顶峰能力不及广东，且在晚高峰无法提供支撑。而在午间低谷时段云南光伏发电出力水平明显上升，尤其是在第一季度40%以上出力水平概率大于40%。贵州光资源全网处于最低水平，且与广东、云南差距较大。除第三季度外，贵州光伏发电出力水平大概率低于30%。贵州第三季度光伏发电出力水平提升，也导致第三季度弃光压力明显增大。

各省区光伏发电高峰时段出力特性和低谷时段出力特性分别如图6-5和图6-6所示。

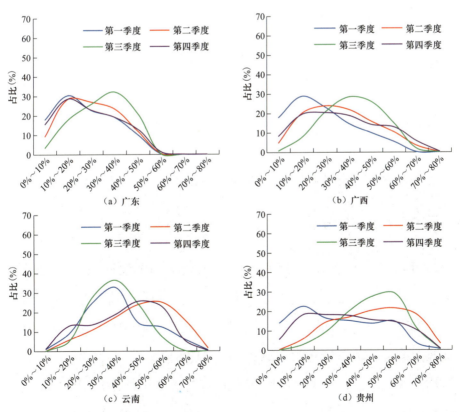

图6-5 各省区光伏发电高峰时段出力概率分布（10:00—12:00与14:00—17:00）

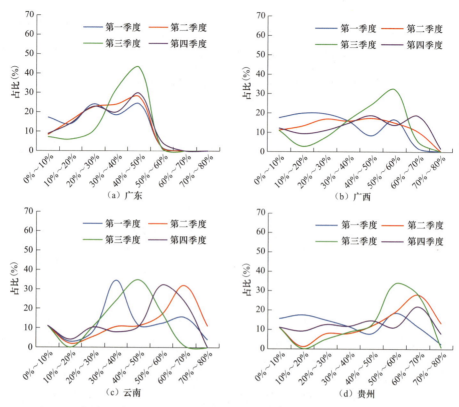

图 6-6　各省区光伏发电午间低谷时段出力概率分布（12:00—14:00）

6.3　波动性分析

本节主要分析各省区新能源日内电力波动性和日间电量波动性。

6.3.1　日内电力波动性分析

2023 年，全网风电日内 15 min 电力上波动和下波动最大波动率分别为 3.52% 和 −4.4%；1 h 电力上波动和下波动最大波动率分别为 7.33% 和 −9.53%；4h 电力上波动和下波动最大波动率分别为 19.59% 和 −21.92%；24h 电力上波动和下波动最大波动率分别为 30.88% 和 −31.08%。

具体到各省区，海南风电日内电力波动在五省区中最大，除 24h 电力下波动外，其余均为五省区最大。其次为广东，除 4h 和 24h 电力下波动外，其余均为五省区第二。云南风电日内电力波动在五省区中较小，除 15min 电力上波动外，其余均为五省区最小。

6.3.2 日间电量波动性分析

（1）**风电**。2023 年，全网风电相邻日间电量上波动和下波动最大波动率分别为 111.92%和－60.85%；三日内电量上波动和下波动最大波动率分别为 169.39%和波动率－84.63%；七日内电量上波动和下波动最大波动率分别为 208.75%和－84.63%。

具体到各省区，贵州和广西日间电量下波动较大，云南日间电量波动性在五省区中较小。

（2）**光伏发电**。2023 年，全网光伏发电相邻日间电量上波动和下波动最大波动率分别为 58.1%和－44.4%；三日内电量上波动和下波动最大波动率分别为 105.59%和－54.19%；七日内电量上波动和下波动最大波动率分别为 186.74%和－63.39%。

具体到各省区，广西光伏发电日间电量波动在五省区中较大，除相邻日间电量上波动外，其余均为五省区最大。贵州光伏发电日间电量波动在五省区中较小，各项波动率均为五省区最小。

6.4 渗透率分析

2023 年，全网新能源平均电量负荷渗透率为 9.77%（新能源电量占全网发受电量比例，下同），最大电力负荷渗透率为 27.31%（新能源出力占全网负荷比例最大值，下同）。其中风电平均电量负荷渗透率为 6.5%，最大电力负荷渗透率为 23.19%；光伏发电平均电量负荷渗透率为 3.27%，最大电力负荷渗透率为 20.62%。

各省区中，广东新能源平均电量负荷渗透率为 5.33%，最大电力负荷渗透率最高达 29.72%；广西新能源平均电量负荷渗透率为 15.04%，最大电力负荷渗透率最高达 58.65%；云南新能源平均电量负荷渗透率为 17.31%，最大电力负荷渗透率最高达 68.74%；贵州新能源平均电量负荷渗透率为 15.87%，最大电力负荷渗透率最高达 65.12%；海南新能源平均电量负荷渗透率为 8.67%，最大电力负荷渗透率最高达 48.45%。

南方五省区每月负荷平均电量渗透率和最大电力渗透率分别如图 6-7 和图 6-8 所示。

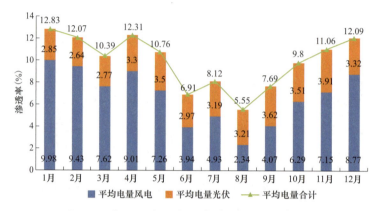

图 6-7　南方五省区每月负荷平均电量渗透率

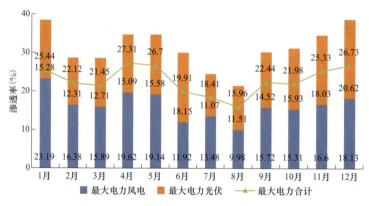

图 6-8　南方五省区每月负荷最大电力渗透率

2023 年，南方五省区新能源平均电量发电渗透率为 9.89%（新能源电量占全网全电源发电量占比，下同），最大电力发电渗透率为 27.99%（新能源出力占全网全电源出力最大占比，下同）。其中，风电平均电量发电渗透率为 6.58%，最大电力发电渗透率为 23.7%；光伏平均电量发电渗透率为 3.31%，最大电力发电渗透率为 20.82%。

南方五省区中，广东新能源平均电量发电渗透率为 6.79%，最大电力发电渗透率最高达 30.15%；广西新能源平均电量发电渗透率为 16.84%，最大电力发电渗透率最高达 53.58%；云南新能源平均电量发电渗透率为 11.08%，最大电力发电渗透率最高达 51.9%；贵州新能源平均电量发电渗透率为 12.47%，最大电力发电渗透率最高达 45.93%；海南新能源平均电量发电渗透率为 8.75%，最大电力发电渗透率最高达 48.2%。全网每月发电平均电量渗透率和最大电力渗透率分别如图 6-9 和图 6-10 所示。

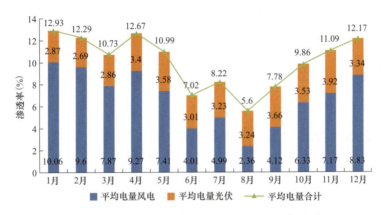

图 6-9　南方五省区每月发电平均电量渗透率

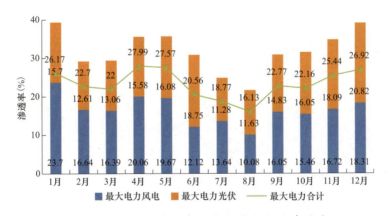

图 6-10　南方五省区每月发电最大电力渗透率

6.5　新能源并网问题

新能源单场站容量较常规机组小，新能源场站节点较常规场站呈指数级增长趋势。大规模新能源接入后，系统功角、电压稳定特性与新能源类型、渗透率、控制策略、模型准确度等密切相关，特别是控制策略、参数和模型等值将显著影响系统稳定特性评估结果。新能源并网检测与建模存在一定问题与挑战。

（1）目前国内新能源设备均采用黑盒模型。一是基于外特性拟合的机电暂态通用仿真模型难以准确模拟；二是新能源模型的参数管理困难、一致性维护困难、仿真复现及整改困难；三是缺少设备版本管理标准，检测与建模完成后，厂家可能更改程序导致设备性能变化、模型变化；四是新能源场站级建模存在技术瓶颈。

（2）现有国家行业标准对新能源外特性要求深度不足。依据现行标准完成的检测和建模难以完全满足运行的要求。

（3）检测报告质量参差不齐。缺少检测单位的资质要求文件，试验单位良莠不齐。报告审核工作量大、进度慢。

（4）存量新能源场站检测与建模推进难度大。电网运行机构对以前投产场站的检测与建模考核较困难。

第 7 章

粤港澳大湾区绿色电力发展

粤港澳大湾区指由香港特别行政区、澳门特别行政区（以下分别简称"香港""澳门"）和广东省广州、深圳、珠海、佛山、中山、东莞、肇庆、江门、惠州九市（以下简称"珠三角九市"）组成的城市群，总面积达 5.6 万 km^2。

为助力"双碳"目标实现，粤港澳大湾区着力优化能源结构和电源布局，积极推动安全、可靠、绿色、高效、智能的粤港澳大湾区新型电力系统构。粤港澳大湾区作为我国改革开放的重要窗口和引领全国经济发展的重要引擎，是我国重要的能源消费区。粤港澳大湾区充分发挥自身优势，积极推动机制创新，在能源绿色低碳转型进程中发挥先行者和示范区作用，为我国"双碳"目标实现作出积极贡献。

7.1 粤港澳大湾区电力消费情况

7.1.1 总体情况

2022 年，粤港澳大湾区能源消费总量为 2.84 亿 t 标准煤[1]，同比减少 4.1%。能源活动主要集中在珠三角九市，能源消费总量为 2.66 亿 t 标准煤，占粤港澳大湾区能源消费总量的比重为 94%，其中广州、深圳为能源消费活动最集中区域，2022 年能源消费总量分别为 0.64 亿、0.46 亿 t 标准煤，两城市能源消费总量合计占大湾区的比重约 39%。

粤港澳大湾区全社会用电量保持增长态势。2023 年，粤港澳大湾区全社会用电量为 6451 亿 kWh，同比增长 5.8%。其中，珠三角九市用电量同比增长 6.8%，是拉动粤港澳大湾区用电量增长的主要力量；香港用电量下降 6.2%，澳门用电量同比增长 9.1%。2010—2023 年，粤港澳大湾区年用电量年均增长 6.2%，总体保持增长态势。2010—2023 年粤港澳大湾区全社会用电量情况如

---

[1] 数据来源：珠三角九市统计局；香港政府统计处；澳门统计暨普查局。截至本报告编写时间节点，珠三角九市统计局暂未发布 2023 年能源消费总量数据。

图 7-1 所示。

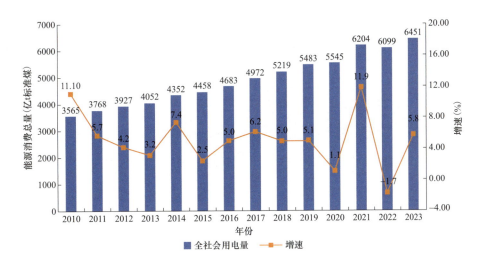

图 7-1　2010—2023 年粤港澳大湾区电力消费情况及增速

　　珠三角九市全社会用电量占粤港澳大湾区比重呈扩大趋势。2023 年，珠三角九市、香港、澳门用电量分别占粤港澳大湾区用电量的 92.0%、7.0% 和 0.9%。与 2010 年相比，2023 年珠三角用电量占比提升了 6.0 个百分点，香港用电量略有降低，澳门用电量占比基本持平。

　　2010—2023 年粤港澳大湾区全社会用电量各区域构成、用电量情况如图 7-2、表 7-1 所示。

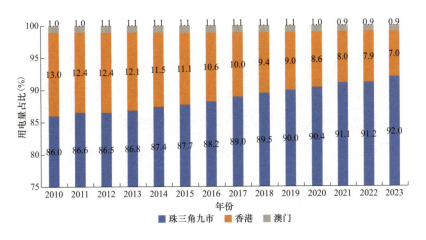

图 7-2　2010—2023 年粤港澳大湾区全社会用电量各区域构成

表 7-1　　　　　2010—2023 年粤港澳大湾区各区域全社会用电量情况

单位：亿 kWh，%

项目	区域	2010 年	2015 年	2020 年	2023 年
全社会用电量	珠三角九市	3066	3912	5013	5937
	香港	462	497	478	454
	澳门	37	50	54	60
	粤港澳大湾区	3565	4458	5545	6451
用电量增速	珠三角九市	—	5.5	5.6	3.7
	香港	—	1.5	−0.8	−1.0
	澳门	—	7.5	1.6	2.1
	粤港澳大湾区	—	5.0	4.9	3.3
用电量占比	珠三角九市	86.0	87.7	90.4	92.0
	香港	13.0	11.1	8.6	7.0
	澳门	1.0	1.1	1.0	0.9
	粤港澳大湾区	100	100	100	100

注：1．由于数据采取四舍五入，分项累计部分与总数略有差别。

　　2．2015 年用电量增速为"十二五"期间年平均增速，2020 年用电量增速为"十三五"期间年平均增速。

7.1.2　珠三角九市

2023 年，珠三角九市全社会用电量 5937 亿 kWh❶，其中，广州、深圳和东莞全社会用电量位居珠三角排名前三位，三市全社会用电量占珠三角九市全社会用电量比例达 56.4%。其中，广州全社会用电量 1205 亿 kWh，占珠三角九市全社会用电量比重为 20.3%；深圳全社会用电量为 1128 亿 kWh，占珠三角九市全社会用电量比例为 19.0%；东莞全社会用电量为 1018 亿 kWh，占珠三角九市全社会用电量比例为 17.1%。

---

❶　数据来源：珠三角九市统计局。

2023 年，珠三角九市全社会用电量同比增长 3.7%，其中，东莞、肇庆和江门全社会用电量增速位居珠三角九市前列，三市同比增长依次为 11.9%、10.8%和 7.9%。2023 年珠三角九市全社会用电量及增速如图 7-3 所示，全社会用电量及占比如图 7-4 所示。

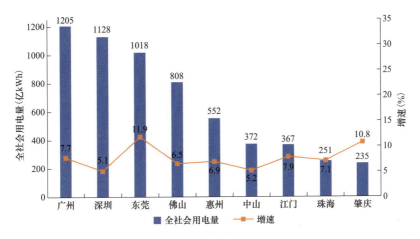

图 7-3　2023 年珠三角九市全社会用电量及增速

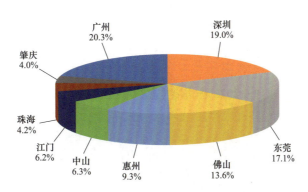

图 7-4　2023 年珠三角九市全社会用电量及占比

7.1.3　香港

香港全社会用电量呈基本饱和状态❶。2023 年，香港全社会用电量为 491 亿 kWh，同比增长 1.4%。2010 年以来，香港年用电量在 485 亿 kWh 附近波动。2010—2023 年香港全社会用电量及增速如图 7-5 所示。

———————————

❶　数据来源：香港政府统计处。

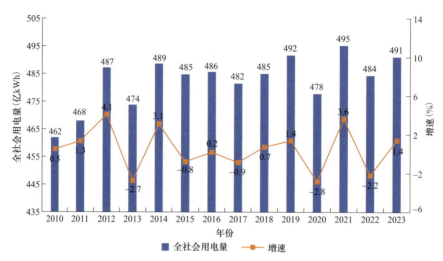

图 7-5　2010—2023 年香港全社会用电量及增速

2023 年，香港全社会用电量 491 亿 kWh，其中本地发电量 375 亿 kWh，从内地进口电量 116 亿 kWh。香港净进口电量从 2010 年的 105 亿 kWh 增长至 116 亿 kWh，净进口电量占比从 2010 年的 17.1%提升至 2023 年的 23.6%，增长 6.5 个百分点，呈增长趋势。2010—2023 年香港电量供需平衡情况如表 7-2 所示。

表 7-2　　　　　　　　**2010—2023 年香港电量供需平衡情况**　　　　单位：亿 kWh，%

项目	2010 年	2015 年	2020 年	2023 年
本地发电	383	379	351	375
内地进口	105	117	127	116
出口内地	26	12	0	0
全社会用电量	462	485	478	491
净进口电量	80	106	127	116
净进口占比	17.1	21.8	26.6	23.6

注：1. 全社会用电量＝本地发电＋内地进口电量－出口内地电量。

　　2. 净进口电量＝内地进口电量－出口内地电量。

香港用电主要由商业、住宅和工业用电组成。2023 年，商业用电 324 亿 kWh，占用电量的 66%，是最主要的用电类型；住宅用电 133 亿 kWh，占用电量的 27%；工业用电 33 亿 kWh，占用电量的 7%。2023 年香港用电量消费结构占比如图 7-6 所示。

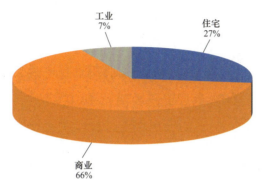

图 7-6　2023 年香港用电量消费结构占比

7.1.4　澳门

澳门全社会用电量保持增长态势❶。2023 年，澳门用电量为 60 亿 kWh，同比增长 9.1%。2010—2023 年，澳门用电量平均增长率为 4.9%。2010—2023 年澳门全社会用电量情况如图 7-7 所示。

图 7-7　2010—2023 年澳门全社会用电量及增速

澳门大部分电量由内地出口。2023 年，澳门从内地进口电量为 53.3 亿 kWh，占澳门全社会用电量比例达 89.1%。2010—2023 年澳门电量情况平衡如表 7-3

---

❶　数据来源：澳门统计暨普查局。

所示。

表 7-3　　　　　　2010—2023 年澳门电量供需平衡情况　　　单位：亿 kWh，%

项目	2010 年	2015 年	2020 年	2023 年
本地发电	11	379	351	375
内地进口	28	117	127	116
全社会用电量	37	12	0	0
进口占比	72.1	80.8	89.6	89.1

澳门用电以工商业用电为主。从电力消耗结构来看，澳门用电主体分为工商业场所、住户和政府机构等三类，其中工商业场所用电是澳门最大的用电主体。2023 年，澳门工商业场所用电量为 38.49 亿 kWh，占电力消耗的比重为67.1%。2023 年澳门电量消费结构占比如图 7-8 所示。

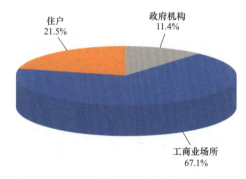

图 7-8　2023 年澳门电量消费结构占比

7.2　粤港澳大湾区新能源装机情况

2023 年，粤港澳大湾区电源总装机容量为 1.11 亿 kW❶，新能源总装机规模达到 721 万 kW，占总装机容量比重为 6.5%。新能源装机主要集中在珠三

---

❶　数据来源：广东电网；香港政府统计处；澳门统计暨普查局。

角九市，其中，惠州、珠海和广州新能源总装机规模排名前三名，三市新能源总装机规模占珠三角九市新能源总装机比例达 64.3%。其中，惠州新能源总装机规模为 251 万 kW，占珠三角九市新能源总装机比重为 34.8%；珠海新能源总装机规模为 118 万 kW，占珠三角九市新能源总装机比重为 16.3%；广州新能源总装机规模为 95 万 kW，占珠三角九市新能源总装机比重为 13.2%。2023 年粤港澳大湾区新能源总装机规模及占总装机容量比重如表 7-4 及图 7-9 所示。

表 7-4　　　　　2023 年粤港澳大湾区新能源装机情况　　　单位：万 kW，%

区域	新能源装机规模	总装机规模	新能源装机占总装机容量比重
广州	95	1575	6.0
深圳	64	1837	3.5
佛山	30	780	3.9
东莞	40	1153	3.4
江门	55	1387	3.9
中山	21	635	3.3
珠海	118	700	16.8
惠州	251	1268	19.8
肇庆	48	472	10.2
珠三角九市	721	9808	7.3
香港	—	1305	—
澳门	—	10	—
粤港澳大湾区	721	11 123	6.5

注：1. 由于数据采取四舍五入，分项累计部分与总数略有差别。

　　2. 香港电源以煤电、天然气和核电为主，澳门电源以天然气、垃圾焚烧和燃油为主，风电和光伏等新能源装机规模相对较小。

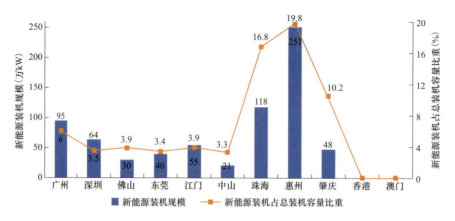

图 7-9　2023 年粤港澳大湾区新能源装机规模及占总装机容量比重

7.3　粤港澳大湾区绿色电力发展

7.3.1　总体情况

《粤港澳大湾区发展规划纲要》发布来，粤港澳大湾区发展"含绿量"显著提升，绿色发展体现在方方面面：绿色产业结构、生态环境保护、绿色技术创新、绿色金融和投资以及绿色生活方式。这些绿色发展举措推动大湾区向更加绿色、低碳、循环的方向发展，为构建可持续发展的世界级湾区提供了新的动能。

南方电网作为大湾区的主要电力供应商之一，积极推进清洁能源的开发和利用，加大在风能、太阳能等领域的投资力度，提高清洁能源在电力供应中的比重。

7.3.2　珠三角九市

为落实《能源生产和消费革命战略（2016—2030）》《粤港澳大湾区发展规划纲要》等国家重大发展战略要求，广东省于 2022 年印发《广东省能源发展"十四五"规划》（以下简称《规划》）。《规划》以构建"清洁低碳、安全高效、智能创新"的现代能源体系为目标，提出能源供应、消费、科技、治理、合作等方面的重点任务，有助于推进大湾区能源协同发展。

在推进粤港澳大湾区能源协同发展方面，广东明确以"湾区所向、港澳所需、广东所能"为导向，积极推动粤港澳大湾区能源协同发展，形成粤港澳统筹协调、互联互通、优势互补、合作共赢的格局，努力构建清洁低碳、安全可靠、智能高效、开放共享的区域能源体系，为建设国际一流湾区和世界级城市群提供高质量能源发展支撑。《规划》提出，加强粤港澳大湾区能源基础设施互联互通和标准对接，进一步完善广东对港澳输电网络以及成品油、天然气供应网络，推动大湾区能源抗风险体系建设，确保港澳地区能源供应安全和稳定。《规划》要求，加强大湾区城市间送电通道建设，支持粤港联网 400kV 通道升级改造和防风加固工程，积极配合澳门建设第三输电通道（澳门侧），提高大湾区电力互联互通水平。《规划》提出，充分发挥南方电网大平台优势，统筹优化资源配置，积极协调外来电力保供增供，确保西电东送落实送电协议计划，稳定西电东送能力。充分谋划后续西部清洁能源送电广东能力，积极推动藏东南清洁能源基地送电大湾区，提升区外电力供应的稳定性和可持续性。

为将更多的清洁电能输送至粤港澳大湾区，南方电网加强粤港澳三地电力互联互通互补，18 条 500kV 及以上电压等级的西电东送大通道落点广东；6 座抽水蓄能电站坐落粤港澳大湾区，总装机容量为 968 万 kW，初步建成清洁能源消纳比重最高的世界级湾区电网，保障了粤港澳大湾区安全可靠用电。

7.3.3　香港

香港积极响应国家的"双碳"目标，致力于 2050 年前实现碳中和，并争取在 2035 年前碳排放量相较 2005 年减半。香港于 2021 年发布《香港气候行动蓝图 2050》，提出净零发电、节约能源、绿色运输和全民减废四大减碳策略和目标。2023 年 4 月，香港特区行政长官率领由特区政府官员、立法会议员组成的大湾区访问团到访广州、深圳、东莞、佛山。香港也紧跟新能源发展浪潮，大力发展新能源行业。

新能源发电方面，香港正积极探索不同建筑物和设施应用可再生能源。香港目前的太阳能装机总量不足 5MW，还有较大的发展空间。香港政府已推出"太阳能发电建筑先导计划"，带头在政府建筑物幕墙应用太阳能发电技术。香港有 30 多万栋建筑物，广泛安装光伏发电系统后预计每年可发电为 8.8 亿 kWh。香港政府也已经拨款在合适的水塘及堆填区安装较大规模的光伏发电系统。此外，香港还提出将善用海上风电的空间及潜能，并积极与电力公司讨论兴建离岸风力发电计划。同时，也会继续支持公私营机构进一步利用可再生能源，助力香港迈向碳中和。

新能源汽车方面，香港正积极推进不同新能源公共交通工具。与此同时，香港鼓励更广泛使用电动车，2024 年 3 月底届满的电动车首次登记税宽减安排将获延长两年，考虑到电动车价格下调和车款选择增加等因素，有关宽减额将下调 40%。未来有望继续提升香港新能源汽车的渗透率，相关的配套产业也有望进一步推动经济的高质量发展。

金融方面，香港作为国际金融中心，正朝着国际绿色金融中心的方向迈进，积极推动全球碳中和目标的落实。香港成功通过"绿色和可持续金融资助计划"，资助符合资格的债券发行人和借款人，在香港发行合共超过 340 笔绿色和可持续债务工具，总额达 1000 亿美元，丰富了香港绿色和可持续金融的生态。

科技方面，香港"低碳绿色科研基金"为香港减碳和加强保护环境的科研项目提供资助。香港目前汇聚了超过 200 家绿色科技公司，香港大力鼓励新科技实现实际应用。香港至今向基金注资 4 亿元人民币，已批出 30 个来自本地大学、公营科研机构和企业的项目，涉及总金额约 1.3 亿元人民币。

7.3.4 澳门

澳门能源消费以电力为主，占比约 65%；柴油、汽油等石油类能源消费占比近 26%，主要满足交通需求；天然气占约 5%，主要用于发电。澳门的电力消费中，主要以外购电力为主，约占总电力消耗的 93%。

澳门积极配合国家总体发展战略，在《澳门特别行政区经济和社会发展第二个五年规划（2021—2025 年）》中提出制定《澳门环境保护规划（2021—2025）》（以下简称《规划》），要求认真做好碳达峰、碳中和工作，逐步实现清洁能源替代，并制订相关的行动方案，争取在 2030 年或之前实现碳达峰。

《规划》指出，澳门发展应充分融入粤港澳大湾区发展大局，加强区域交流合作，推进生态文明建设，共建美丽大湾区。澳门将推动节能减排和源头减废，加强环境污染治理和防控，完善环保基建，在城市发展与环境保护间保持平衡协调，建设绿色、低碳、宜居澳门。完善环保法规和规划，保育生态环境，加强碳中和科研工作。

《规划》中列出"二五"时期经济社会发展的主要指标，在环境保护方面提出多项约束性指标。根据这些指标，特区政府将带头使用电动车。从 2022 年开始，特区政府各部门购置或更换车辆时必须购置电动车，新建政府办公大楼内必须预留慢速充电供电容量和基础设施。具备条件的现有政府办公大楼要加设充电位，现有公共停车场将适当预留安装充电设备。此外，从 2022 年开始，新建私人和商业楼宇的停车场也必须为车位预留慢速充电供电容量和基础设施，特区政府将其列为必须遵守的楼宇建筑标准。

7.4　粤港澳大湾区能源转型发展展望

7.4.1　大湾区能源绿色低碳发展挑战

大湾区能源发展已取得显著成效，但也同样面临诸多挑战。**一是能源供应对外依存度高。**大湾区化石能源资源匮乏，能源自给率低，主要依靠进口及区外调入，电力对外依存度超过 40%。**二是能源绿色低碳转型难度大。**大湾区以占全国 5%的人口，创造了 12%的 GDP，能耗"双控"面临较大压力，绿色低碳转型成本高、难度大。**三是能源科技创新能力及产业培育仍显不足。**大湾区能源产业整体竞争力不强，能源科技创新能力不够，关键能源装备生产能力不足。**四是统筹协同机制有待加强。**大湾区层面尚未出台统筹粤港澳三地的能源发展规划，相关协同合作政策机制及协同转型制度有进一步完善空间。

7.4.2　大湾区能源绿色低碳发展趋势

能源消费方面，预计 2035 年左右珠三角地区能源消费总量将达到峰值，随后逐步进入下降通道；香港地区能源消费总量目前已进入饱和期；澳门地区能源消费总量预计 2030 年左右达峰，随后开始缓慢下降。整体来看，大湾区能源消费总量仍将在一段时期内持续增长，但增速将逐步趋缓，预计到 2035 年左右大湾区能源消费总量达峰。

能源供应方面，大湾区煤炭基本依靠外部供应，石油供应以外部调入原油后本地加工为主，天然气供应以区外输入为主、本地生产海上天然气为辅；本地新增电源以气电为主，依托粤东、粤西、粤北地区将布局核电、海上风电、光伏发电等，提高大湾区绿色电力供应能力；为满足大湾区电力供给需要，中长期还需引入青海、新疆、西藏等清洁能源基地电力。

碳排放方面，珠三角地区碳排放总量预计在 2030 年前达到峰值，香港已于 2014 年实现碳达峰，碳排放量逐步下降，澳门已经进入碳排放峰值平台区域。整体来看，由于新增能源消费以清洁能源为主，碳排放强度持续下降，大湾区碳排放总量将在 2030 年前达到峰值。预计 2050 年大湾区碳排放量将较峰值水平实现大幅削减，碳排放强度将显著低于国际其他典型湾区的当前水平。通过多措并举、综合施策，大湾区有望在 2055 年前后实现碳中和。

第 8 章

新型储能发展情况

8.1 新型储能功能定位与发展机遇

新型储能可以为新型电力系统提供大量的调节能力，有效解决新能源出力与用电负荷时空不匹配的问题，显著增强新型电力系统的灵活性，对于促进新能源高比例消纳、保障电力安全供应和提高新型电力系统运行效率具有重要作用。

新型储能在新型电力系统中可以发挥的作用与功能具体表现在以下四个方面：**一是提高电力系统灵活性，提升新能源消纳能力**。储能已广泛应用于新能源发电并网，通过平抑新能源出力波动、减少新能源出力偏差、降低新能源出力峰谷差，有效促进新能源的接入与消纳。**二是提高电力系统稳定性**。高比例电力电子设备接入，使得新型电力系统中的转动惯量相对下降，系统抵御扰动能力下降，稳定性问题遇到新的挑战。储能具有灵活控制和快速响应等特点，可以通过充放电改变系统潮流分布，还可为系统提供虚拟惯量和附加阻尼，提高电力系统的稳定性，改善电力系统的运行环境。**三是应对电网故障及备用**。在电网侧配置大容量储能电站作为紧急备用，以替代火电机组的旋转备用，可降低传统电源单位投资成本。同时，储能还可作为黑启动电源，缩短恢复时间，减少因停电带来的损失。**四是延缓输变电投资**。高峰负荷出现频率低、持续时间短。相比于大规模建设、升级输配电设施，储能仅需较少容量的投资即可削减尖峰负荷、缓解局部短时性缺电，且可根据负荷增长逐步投资，进而提升系统整体的投资效率。

储能在新型电力系统中具有重要价值，已成为支撑新型电力系统的重要环节，我国新型储能将迎来重大发展机遇。

（1）储能在新型电力系统中具有重要作用，将实现规模化发展。构建新型电力系统的核心是新能源成为主体电源后如何实现和保障不同时间尺度的电力电量平衡，解决新能源出力与用电负荷时空不匹配的问题。新型储能是支撑构建新型电力系统的重要装备和关键技术，具有精准控制、快速响应、布局灵活的特点，可以突破传统电力供需在时间与空间上的限制，将不稳定的新能源出力转化为稳定可靠的电力供应，在提高电力安全保障能力、促进新能源消纳、提高系统运行效率等方面发挥重要作用。随着新能源大规模的发展，构建新型电力系统对储能等灵活性调节资源的需求激增。储能有望迎来规模化应用，成为新型电力系统的重要组成部分。

（2）**随着储能技术成熟、产业集群效应显现及投资回报机制完善，储能将实现市场化和产业化发展**。在生产规模、制造工艺不断提升以及储能系统高度集成化发展的驱动下，新型储能成本快速下降。2024 年 3 月，锂离子电池电芯成本已低至 0.4 元/（Wh）左右，相比 2023 年初下降约 50%；储能 EPC 中标均价为 1.24 元/（Wh），相比于 2023 年全年均价下降了约 16%，最低中标价更是降至 0.83 元/（Wh）。按此发展趋势测算，锂离子电池全寿命周期度电成本现已降至 0.3～0.4 元/kWh，有望在近几年接近抽水蓄能。同时，储能可以以独立市场主体身份参与电力中长期交易市场、电力现货市场、辅助服务市场等各类电力市场，还能以独立电站、聚合商、虚拟电厂等多种形式参与如备用、爬坡等多个交易品种辅助服务，具有良好的盈利前景，将逐步实现市场化和产业化发展。

（3）**数字技术推动储能与新型电力系统实现灵活互动与高效运行**。数字化技术是支撑构建新型电力系统的关键技术。依托云计算、移动互联网、人工智能以及先进传感测量、通信信息、控制技术等现代化技术，新能源可在需求侧响应、虚拟电厂、云储能、市场化交易等多领域与数字技术深度融合，加强规模化储能的集群智能协同控制，提升分布式储能的协同聚合能力，实现"新能源＋储能"协调运行，推动源网荷储之间的高效交互，促进新能源大规模并网和消纳，提升新型电力系统灵活性。

8.2　新型储能发展政策

（1）**国家政策**。近年来，我国相继出台了一系列新型储能相关政策，从战略规划层面为新型储能的发展打下了坚实的基础，为新型储能的发展逻辑、市场主体地位、项目管理、并网运行等方面提出了指导意见。

2022年3月，国家发展改革委、国家能源局发布《"十四五"新型储能发展实施方案》，提出了我国新型储能发展的基本原则、发展目标和重点任务。"十四五"期间，我国新型储能的发展重点将在以下五个方面：强化技术攻关，构建新型储能创新体系；以试点示范推进新型储能产业化发展；推进新型储能多场景规模化发展；完善体制机制，推进新型储能市场化发展；建立健全新型储能管理体系。

2022年6月，国家发展改革委、国家能源局联合发布《关于进一步推动新型储能参与电力市场和调度运用的通知》（发改办运行〔2022〕475号），提出鼓励新型储能作为独立主体参与电力市场，鼓励新能源场站和配建储能联合参与市场，加快推动独立储能参与电力市场配合电网调峰，充分发挥独立储能技术优势提供辅助服务，坚持以市场化方式形成价格，持续完善调度运行机制，探索将电网替代型储能设施成本收益纳入输配电价回收，保障储能合理收益。

2022年10月，国家能源局综合司发布《新能源基地跨省区送电配置新型储能规划技术导则》（征求意见稿），明确了新能源基地送电配置的新型储能将主要用于调峰操作。新能源基地送电配套的新型储能规模应在综合考虑配套支撑电源的调峰能力和其他调控手段基础上，以国家对外送输电通道提出的可再生能源电量比例、新能源利用率等技术指标要求为约束开展计算分析。

2023年3月，国家能源局印发《防止电力生产事故的二十五项重点要求（2023版）》（国能发安全〔2023〕22号），首次将电化学储能纳入到"反措"的范畴。"反措"提出发电侧和电网侧电化学储能电站站址不应贴邻或设置在生产、储存、经营易燃易爆危险品的场所，不应设置在具有粉尘、腐蚀性气体的场所，不应设置在重要架空电力线路保护区内。中大型储能电站应选用技术成熟、安全性能高的电池，审慎选用梯次利用动力电池。储能电站的设备间、隔墙、隔板等管线开孔部位和电缆进出口应采用防火封堵材料封堵严密。储能电站运维单位应制定消防设施运行操作规程，定期开展维护保养，每年至少进行一次全面检测，确保消防设施处于正常工作状态。

（2）**南方五省区政策**。目前，南方五省区均已发布新能源配置储能或其他调节资源的相关政策，其中广东要求海风、集中式新能源配 10%储能；广西要求市场化风电配 20%储能，市场化光伏配 15%储能；云南要求光伏配 10%的调节资源；贵州要求新能源配 10%储能；海南集中式光伏发电项目同步配套建设不低于 10%储能。

广东的储能发展政策，主要从新型储能规模化发展、市场化交易机制及科技研发等方面进行了支持。

2023 年 3 月，广东省人民政府办公厅印发《广东省推动新型储能产业高质量发展指导意见》，提出到 2025 年全省新型储能产业营业收入达到 6000 亿元，装机规模达到 300 万 kW；到 2027 年，营业收入达到 1 万亿元，装机规模达到 400 万 kW。2023 年 4 月 4 日，广东省能源局、国家能源局南方监管局印发《广东省新型储能参与电力市场交易实施方案》，提出建立健全新型储能参与电力市场机制，加快推动新型储能参与电力市场交易，逐步建立涵盖中长期、现货和辅助服务市场的新型储能交易体系，逐步完善广东省新型储能商业运营模式，建立新型储能价格市场形成机制。

2023 年 3 月，广东省能源局、国家能源局南方监管局印发《广东省新型储能参与电力市场交易实施方案》，规定了独立储能可作为独立主体参与电力市场交易，明确了源、网、荷各侧储能参与电力市场的方式、准入条件等。

2023 年 6 月，广东省发改委印发《广东省促进新型储能电站发展若干措施》，提出 2022 年以后新增规划的海上风电项目以及 2023 年 7 月 1 日以后新增并网的集中式光伏电站和陆上集中式风电项目，按照不低于发电装机容量的 10%、时长 1h 配置新型储能。可采用众筹共建（集群共享）、租赁或项目自建等方式落实储能配置。到 2025 年，新能源发电项目配建新型储能 100 万 kW以上，到 2027 年达到 200 万 kW 以上，"十五五"期末 300 万 kW 以上。

广西新型储能发展政策，主要从规划设计、市场机制等方面进行了规定。

2022 年 6 月，《广西可再生能源发展"十四五"规划》表示，至 2025 年，建设一批抽水蓄能电站和新型储能项目，集中式新型储能并网装机规模达到200万kW/400万kWh。因地制宜发展电网侧新型储能，鼓励在负荷密集接入、大规模新能源汇集、调峰调频困难、电压支撑能力不足、电网末端、主变压器重过载及输电走廊资源紧张等区域合理布局新型储能。

2023年4月，《加快推动广西新型储能示范项目建设的若干措施（试行）》，提出推动新型储能示范项目建设与新型储能示范项目市场化发展，积极推动新型储能示范项目参与电力市场，并鼓励通过"容量租赁费＋电力辅助服务收益"模式疏导新型储能成本。

2023年5月，《广西新型储能发展规划（2023—2030年）》提出，到2025年，全区新型储能装机规模力争达到300万kW左右，集中式新型储能并网装机规模不低于200万kW。到2030年，新型储能实现全面市场化、多元化发展。

云南新型储能发展政策，侧重于新能源储能开发利用基地建设、项目配套储能容量等方面。

2021年9月30日，《云南省工业绿色发展"十四五"规划》指出，积极培育氢能和储能产业，发展"风光水储"一体化，巩固和扩大清洁能源优势。促进能源消费绿色转型，大力推进工业厂房屋顶分布式光伏发电和储能系统建设。

2022年4月27日，《云南省"十四五"新型基础设施建设规划》指出，建设智能电网示范区，推进电源、电网、负荷、储能高效互动、动能电力协同互补、用能需求智能调控，精准匹配电力供需，提升电力系统平衡调节能力。依托文山等全省电力负荷中心，提升智慧电网能源负载和优化调度能力。

2023年3月，《云南省人民政府印发关于加快光伏发电发展若干政策措施的通知》要求，光伏发电项目按照装机的10%配置调节资源，可通过自建新型储能设施、购买共享储能服务和购买燃煤发电系统调节服务等方式实现。

贵州储能发展更多的是采用国家层面的储能政策，侧重点在新能源配套储能、储能产业发展方面。

2020年11月，《关于上报2021年光伏发电项目计划的通知》指出，在送出消纳受限区域，计划项目需配备10%的储能设施。

2022 年 7 月，贵州省能源局批复同意 2022 年贵州省新建新能源项目按照市场化项目配置储能，新增风、光新能源项目同期配套建设 10%×2h 的储能设施。

2022 年 11 月，《关于推动煤电新能源一体化发展的工作措施（征求意见稿）》提出，对未纳入煤电新能源一体化、需参与市场化并网的新能源项目，应按不低于新能源装机规模 10%（挂钩比例可根据实际动态调整）满足 2h 运行要求自建或购买储能；对新建未配储能的新能源项目，暂不考虑并网。

海南的储能发展政策也是更多地采用国家层面的储能政策，其侧重点在储能产业、新能源配套储能评价方面。

2021 年 3 月，《关于开展 2021 年度海南省集中式光伏发电平价上网项目工作的通知》文件要求，全省集中式光伏发电平价上网项目实施总规模控制，具体由省发展改革委根据 2021 年度及"十四五"期间全省可再生能源电力消纳责任权重确定。每个申报项目规模不得超过 10 万 kW，且同步配套建设备案规模 10%的储能装置。

2022 年 1 月，《2022 年度海南省集中式光伏发电平价上网项目工作的通知》指出，单个申报项目规模不得超过 10 万 kW，且同步配套建设不低于 10%的储能装置。

（3）南方电网公司新型储能发展举措。南方电网公司持续推出政策举措推动南方五省区新型储能发展和应用。为落实国家《关于促进储能技术与产业发展指导意见》等政策，南方电网公司分别于 2019 年 3 月和 8 月印发《关于印发促进电化学储能发展的指导意见的通知》及《关于进一步做好促进电化学储能发展工作的通知》，提出深化储能影响研究、推动储能技术应用、规范储能并网管理、引领储能产业发展等重点任务；为贯彻落实国家提出的《关于加快推动新型储能发展的指导意见》，南方电网公司 2021 年 8 月印发《进一步加快电化学储能业务发展指导意见》，提出 2021 年底前在粤港澳大湾区完成第一批电网侧储能示范项目建设；2022 年底前完成第二批示范项目建设，建成投产一批电源侧、用户侧储能项目；2025 年南方电网公司储能业务实现从商业化初期向规模化发展转变；2030 年储能业务实现全面市场化发展，储能业务成为公司新兴业务重要利润增长极。

2022 年 12 月印发《南方电网公司新型储能建设指南（试行）》，指导南方电网区域内新型储能规范、有序、健康发展，明确各类新型储能功能定位、配置原则、接入要求和商业模式，做好并网服务与调度管理，推动新型储能规模化建设。

2023 年 5 月印发《南方电网公司融入和服务广东新型储能产业高质量发展行动方案》，到 2025 年，推动新能源按装机容量的 10%～20%配置新型储能，投产一批新型储能项目，南方电网公司在广东投资建设的新型储能规模力争达到 200 万 kW，建成国家新型领域国家制造业创新中心，推动新型储能市场化机制不断完善。

8.3　新型储能关键技术

（1）电化学储能。电化学储能具有精准控制、快速响应、布局灵活的特点，持续放电时间为分钟至小时级，充放电转换相对灵活，可快速吸收、释放功率，能够有效支撑节点电压、平抑系统频率波动，将不稳定的新能源出力转化为稳定可靠的电力供应，适用于超短周期（毫秒至秒级）和短周期（分钟至小时级）调频调压场景。电化学储能主要解决新能源波动性问题，在频率控制、改善电能质量、可再生能源消纳等方面发挥重要作用。

1）锂离子电池。锂离子电池是比能量最高的一类电化学储能技术，在电力系统中应用较多的锂离子电池，其主要包括磷酸铁锂电池、钛酸锂电池和镍钴锰酸锂电池（三元锂电池）。其中，磷酸铁锂电池具有稳定性高、安全性好、循环寿命长等优点，是目前国内最热门的动力电池技术之一，也是电力储能系统的热门技术及应用最多的锂电技术；钛酸锂电池虽然目前的成本较高，但因安全性高、循环寿命长、倍率高等优点，有可能成为未来锂离子电池发展的方向；镍钴锰酸锂电池的能量密度和功率密度均较高，在车用动力电池领域应用较多，近年来在调频辅助服务领域等功率型应用领域中的项目也比较多。锂离子电池主要的性能参数如表 8-1 所示。

表 8-1　　　　　　　　　　　锂离子电池性能参数

序号	性能指标	性能参数		
		磷酸铁锂电池	镍钴锰酸电池	钛酸铁锂电池
1	能量密度	180Wh/kg	240Wh/kg	80Wh/kg
2	功率密度	1500-2000W/kg	3000W/kg	3000W/kg
3	响应速度	毫秒级	毫秒级	毫秒级
4	充放电效率	85%～95%	＞95%	＞95%
5	工作温度范围	−20～60℃	−20～60℃	−20～60℃
6	安全性	相对较高	相对较低	相对较高
7	单位造价	1400 元/kWh	1600 元/kWh	4500 元/kWh
8	度电成本	0.5～0.6 元/kWh	0.6～0.9 元/kWh	0.8～1.2 元/kWh
9	循环次数	5000～10 000 次	3000～6000 次	≥10 000 次
10	建设环境制约影响度	低	低	低
11	自放电率	1.5%/月	2%/月	2%/月

注：1. 放电深度为 80% DOD 时的循环次数。

　　2. 投资成本指建设总成本，含 PCS、BMS、升压变（大中型储能）、土建施工等，不含运维成本。中大型储能电站电池成本占比约 50%～60%，分布式储能系统中电池成本占比约 80%（因不含升压变，采用模块化集成设计等）。

从 8-1 表可看出，目前主要应用的三类锂离子电池中，响应速度都是毫秒级的，均可满足电网调频对响应速度的快速要求。在安全性方面，目前广泛应用的磷酸铁锂电池、钛酸锂电池和三元材料电池锂电池由于使用的是有机电解液，相比铅酸电池和液流电池有热失控及燃烧风险。目前报道的发生事故的储能电站采用的储能系统多为锂电储能系统，锂离子电池的安全性有待进一步提高。

2）铅炭电池。铅炭电池是一种新型铅酸电池，既发挥了超级电容瞬间大容量充电的优点，也发挥了铅酸电池的比能量优势。铅炭电池将高比表面碳材料掺入铅负极中，发挥高比表面碳材料的高导电性和对铅基活性物质的分散性，提高铅活性物质的利用率，并能抑制硫酸铅结晶的长大。通过将碳材料加入到负极板中，可发挥其超级电容的瞬间大容量充电的优点，在高倍率充放电期间起到缓冲器的作用，并有效地保护负极板，抑制"硫酸盐化"现象。

铅炭电池是铅酸电池的创新技术，相比铅酸电池有着诸多优势。一是充电快，提高 8 倍充电速度；二是放电功率提高了 3 倍；三是循环寿命提高到 6 倍；四是性价比高，循环使用寿命大幅提高；五是使用安全稳定，可广泛地应用在各种新能源及节能领域。

从整体经济性来看，当前铅炭电池单位造价水平约在 1500 元/kWh 左右，仍具有一定的下降空间。同时考虑到铅炭电池中铅金属的回收价值较高，约存在 35% 以上的残值回收率，在经济性占有一定的优势。

传统铅酸电池和以铅炭电池为代表的先进铅蓄电池的主要性能参数如表8-2 所示。

表 8-2　　　　　　　　　　铅炭电池主要的性能参数

序号	性能指标	性能参数	
		传统铅酸电池	铅炭电池
1	能量密度	50～80Wh/kg	50～80Wh/kg
2	功率密度	<150W/kg	150～500W/kg
3	响应速度	<10ms	<10ms
4	充放电效率	70%～85%	70%～85%
5	工作温度范围	−40～60℃	−40～60℃
6	安全性	较高	较高
7	单位造价	500～1000 元/kWh	800～1300 元/kWh
8	循环次数	200～800 次	1000～3000 次
9	建设环境制约影响度	低	低
10	自放电率	1%/月	1%/月

3）全钒液流电池。全钒液流电池的寿命长，循环次数可达 10 000 次以上，

但能量密度和功率密度与其他电池相比要低，响应时间相对较慢，全钒液流电池主要性能参数如表 8-3 所示。

表 8-3 全钒液流电池主要性能参数

序号	性能指标	性能参数
1	能量密度	12～25Wh/kg
2	功率密度	10～40W/kg
3	响应速度	百毫秒级
4	充放电效率	75%～85%
5	工作温度范围	10～40℃
6	安全性	较高
7	投资成本	2500～3900 元/kWh
8	循环次数	5000～10 000 次
9	建设环境制约影响度	低
10	自放电率	低

注：全钒液流电池为 5h 系统。

从表 8-2 可看出，全钒液流电池虽然能量密度和功率密度都较低，响应速度虽相对较慢，达到百毫秒级，但仍远快于常规调节电源，作为储能电源可应用在电厂（电站）调峰、大规模光电转换、风能发电的储能电源、边远地区的储能系统、不间断电源或应急电源系统。相比锂离子电池和铅蓄电池，金钒液流电池的成本较高，目前应用占比较低。从安全性方面，金钒液流电池和通常以固体作电极的普通蓄电池不同，金钒液流电池的活性物质是具有流动性的液体电解质溶液，不易燃烧，安全性较高。从建设环境制约影响度方面，主要材料钒的价格相对便宜，并且我国属于钒矿资源丰富的国家，储量占全球储量的35%，产量占全球产量的 48%；同时全钒液流电池生产工艺简单，是目前经济性较好的储能电池；同时全钒液流电池在制造、使用及废弃过程均不产生有害物质，对环境污染较小。

4）钠离子电池。钠离子电池与锂离子电池具有相似的电化学反应机制。钠离子电池结构和原理与锂离子电池基本相同，也遵循脱嵌式的工作原理，正负极选用具有不同电势的钠离子嵌入化合物，电解液选用钠盐的有机电解液。在充电过程中，钠离子从正极脱出经过电解液嵌入负极，同时电子经过外电路流入负极以保持电荷平衡。放电过程正好相反，钠离子由负极脱出嵌入正极，电子经外电路流入正极。

目前常见的钠离子电池主要有钠硫电池，水系钠离子电池，有机钠离子电池和固态钠离子电池。不同类型的钠离子电池在性能特点、材料体系上有着较大的区别。常见的钠离子电池类型如表 8-4 所示。

表 8-4 常见的钠离子电池类型

类型	材料	优点	缺点
钠硫电池	金属钠作为负极；非金属硫作为正极；β-Al2O3 陶瓷管同时充当电解质和隔膜	大容量和高能量密度，理论能量密度高达 760Wh/kg，实际能量密度已高于 300Wh/kg；放电效率可达 100%；放电电流密度 200～300mA/cm^2，无污染、无振动、噪声低	只有在 320℃左右才能正常运行；陶瓷管破裂短路会造成剧烈放热反应，瞬间产能 2000℃高温；温控系统直接影响钠硫电池的工作状态和寿命
水系钠离子电池	正极材料包括过渡金属氧化物、聚阴离子化合物、普鲁士蓝类似物和有机电极材料；负极材料包括活性炭、普通氧化物和钛磷基氧化物；电解质为水溶液电解质（水溶剂＋钠盐）	离子导电率高；水溶液电解液代替有机电解液；不易燃、不易爆和不易腐蚀；生产工艺简单	电化学窗口窄，水系钠离子电池的电压通常为 1.5V，最高一般不超过 2V；正负极材料开发难度大，许多高电位的嵌钠正极材料和低电位的嵌钠负极材料都不适合用于水系钠离子电池
有机钠离子电池	正极材料包括过渡金属氧化物、聚阴离子类材料、普鲁士蓝类大框架化合物、有机化合物和非晶化合物；负极材料包括碳、金属或非金属单质、金属化合物和磷酸盐等；电解质由钠盐溶于有机溶剂中得到	与锂离子电池具有相似的电化学反应机理；资源丰富、价格低廉、环境友好	由于采用有机电解液，存在短路、燃烧、爆炸等安全隐患
固态钠离子电池	正、负极材料与有机钠离子电池的材料是通用的，主要改进点在于电解质，有固体聚合物电解质、无机固态复合电解质、凝胶态聚合物电解质三种	无漏液、燃烧等安全隐患，具有较高的安全性	目前固态电解质中离子的扩散相对比较困难，导致电导率较低

钠离子电池的优势主要有以下几点：

一是钠元素资源丰富且全球分布均匀，价格低廉且稳定，无发展"瓶颈"。 锂元素在地壳中的含量只有 0.006 5%，且资源分布不均匀，70%的锂分布在南美洲地区。如果按照锂电池现在的发展速度，暂不考虑回收，锂电池的应用将很快受到锂资源的严重限制。随着锂离子电池的快速应用，其生产制造达到了空前规模，并且各大锂电池生产商都在不断地扩大其产能，这导致 2021 年以来锂资源需求紧张，价格大幅上涨。而钠资源非常丰富，其在地壳中的丰度位于第 6 位，且钠分布于全球各地，完全不受资源和地域的限制，因此钠离子电池相比锂离子电池有非常大的资源优势。

二是钠离子电池的材料成本比锂离子电池低 30% ~ 40%。 由于钠易获取且价格低廉，所以钠离子电池也具有很大的潜在价格优势。锂离子电池和钠离子电池的电极原材料可以分别由碳酸锂（Li_2CO_3）和碳酸钠（Na_2CO_3）的前驱体合成，而碳酸钠价格具有明显优势。此外，钠电池的负极集流体可以使用铝箔而非锂电池需要使用的石墨或者铜箔，进一步降低了钠离子电池的成本。据测算，钠离子电池的材料成本比磷酸铁锂电池低 30%～40%。

三是钠离子电池在低温及安全性能等方面有优势。 随着研究的不断深入，钠离子电池性能方面的潜在优势也被不断发掘。

高低温性能： 钠离子电池的高低温性能远超磷酸铁锂电池。钠离子电池可以在 -40℃～80℃的温度区间正常工作，在 -20℃的环境下，仍然有 90% 以上的容量保持率，高低温性能优异，而磷酸铁锂电池低温下的容量保持率仅 60%～70%。

能量密度： 钠离子电池能量密度虽略低于磷酸铁锂电池，但提升空间较大。钠离子电池能量密度当前可达到 160Wh/kg，而磷酸铁锂电池能量密度为 150～220Wh/kg，虽然钠离子电池能量密度略低于磷酸铁锂电池，但是宁德时代下一代钠离子电池能量密度将达到 200Wh/kg，基本和磷酸铁锂电池能量密度相当。

快充性能： 钠离子电池快充性能优异。钠离子电池具有较好的倍率性能，能够适应响应型储能和规模供电。钠离子电池在常温下充电 15min，电量就可达到 80%，而传统的磷酸铁锂电池由于其导电性较差，快充容易发热，影响电池寿命，在快充性能上表现不佳。钠离子电池优异的快充性能将扩大其下游应用场景。

安全性：钠离子电池安全性优异。钠离子电池的内阻比锂离子电池的内阻高，在短路的情况下瞬时发热量少，温升较低，热失控温度高于锂电池，具备更高的安全性。因此在过充过放、短路、针刺、挤压等测试中，钠离子电池表现出不起火、不爆炸的优异安全性。

钠离子电池在高低温下性能优异以及高安全性，为其在储能和动力电池领域的大规模应用奠定了良好的基础。目前，钠离子电池循环次数可达到 3000～4500 次左右，略低于磷酸铁锂电池的 6000 次左右。能量密度和循环次数是钠离子电池未来进一步发展亟需攻克的技术"瓶颈"。

（2）其他形式储能。

1）压缩空气储能。近年来，国内外学者开展的压缩空气储能技术研发工作主要包括绝热压缩空气、蓄热式压缩空气储能及等温压缩空气储能（不使用燃料）、液态空气储能（不使用大型储气洞穴）、超临界压缩空气储能和先进压缩空气储能（不使用大型储气洞穴、不使用燃料）等。目前压缩空气储能效率在 27%～70% 之间，主要应用于长时储能场景。

2）氢储能。氢能产业链大致由上游制氢、中游氢储运、下游氢利用三部分组成。通过使用化石燃料、可再生能源发电等手段制取的氢能被输送到氢储能系统，再经过分配与传输，将氢能送达下游各消费端，最终被生产生活行为利用，实现氢能的全产业链。氢能产业链的主要环节中的关键技术，包括解水制氢技术、氢气储运技术、氢气发电技术及氢储能技术。

氢储能技术是利用电力和氢能的互变性而发展起来的。利用电解制氢，将间歇波动、富余电能转化为氢能储存起来；在电力输出不足时，利用氢气通过燃料电池或燃氢燃汽轮机等其他发电装置发电回馈至电网系统。

氢储能目前存在的问题是**效率较低、造价高、技术尚不成熟**。由于国内在燃氢燃气轮机方面几乎空白，因此只能通过燃料电池这一技术手段实现氢发电。电解水制氢效率达 60%～75%，燃料电池发电效率为 50%～60%，单过程转换效率相对较高，但电-氢-电过程存在两次能量转换，整体效率较低，仅为 30%左右，远低于抽水蓄能（75%）和电化学储能（90%）的效率。制氢设备的单位造价约 2000 元/kW，储氢和辅助系统造价为 2000 元/kW，燃料电池发电系统造价约 9000 元/kW，燃料电池的投资占到氢储能系统总投资近 70%，整体单位造价也要高于抽水蓄能和电化学储能；且现阶段规模化燃料电池发电系统应用较少，技术成熟度、系统寿命有待验证。此外，受储氢技术限制，燃料电池发电功率大多数在千瓦级别，在发电方面难以发挥规模效应，很难肩负起大规模长周期储能的重担，若仅实现短周期调峰功能，则经济可行性远不如抽水蓄能和电化学储能。

3）熔融盐储热。熔融盐储能技术是利用硝酸盐等原料作为传热介质，通过电能与熔盐热能的转换来存储或发出能量，一般与太阳能光热发电系统结合，使光热发电系统具备储能和夜间发电能力，满足电网调峰需要，具有很强的经济优势。熔融已经在西班牙、意大利、美国等发达国家得到了初步商业化应用。

储热材料技术获得进一步发展。已实现 1100℃的储热陶瓷颗粒材料、700℃氯化物熔盐储热材料、复合相变、定形相变和仿生相变储热材料、Co_3O_4/CoO 等金属氧化物反应物体系和钙基热化学储热材料等。采用熔盐储热的 50MW 线性菲涅尔式太阳能热发电站和 50MW 熔盐塔式光热发电。

8.4　南方五省区新型储能发展进展

（1）我国新型储能发展概况。2023 年，我国新型储能新增装机规模约 2130 万 kW，是 2022 年新型储能新增装机量的 3.6 倍。2023 年我国新型储能新增装机中，各技术路径占比情况为：锂离子电池占比为 97.5%，飞轮储能占比为 0.7%，铅蓄电池占比为 0.4%，液流电池占比为 0.2%❶。2023 年我国新型储能

---

❶　统计数据来源于中国化学与物理电源行业协会储能应用分会。

新增装机技术分布情况如图 8-1 所示。

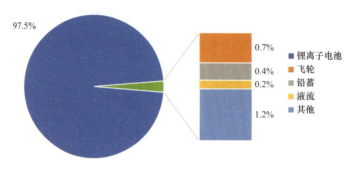

图 8-1　2023 年我国新型储能新增装机技术分布情况

从应用分布来看，2023 年新增投运的新型储能项目中，电网侧新增装机规模为 1210 万 kW/2630 万 kWh，占比为 56.8%；电源侧新增装机规模为 860 万 kW/1960 万 kWh，占比为 40.1%；用户侧新增装机规模为 65 万 kW/190 万 kWh，占比约为 3.1%。2023 年我国新型储能新增装机应用分布情况如图 8-2 所示。

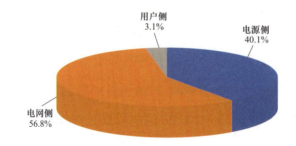

图 8-2　2023 年我国新型储能新增装机应用分布情况

截至 2023 年底，我国新型储能累计装机规模达 3139 万 kW/6687 万 kWh，平均储能时长 2.1h❶。2023 年新型储能累计装机中，各技术路线占比情况分别为：锂离子电池占比为 94.9%，液流电池占比为 0.9%，压缩空气储能占比为 0.6%，飞轮储能占比为 0.5%，铅蓄电池占比为 1.1%。2023 年我国新型储能累计装机技术分布情况如图 8-3 所示。

---

❶　统计数据来源于国家能源局。

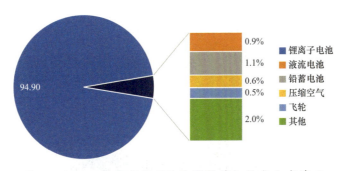

图 8-3　2023 年我国新型储能累计装机技术分布情况

从项目数量来看，2023 年电源侧储能项目投运数量共计 173 个，主要以新能源配储项目为主，新能源配储项目 158 个。百兆瓦级新能源储能项目有 32 个，传统电源侧项目则多以火电调频、调峰项目为主，项目规模较小。电网侧储能项目共 132 个，主要由大型储能电站构成，百兆瓦及以上储能电站共计 84 个。2023 年用户侧储能项目大幅增长，约有 335 个用户侧储能项目投运，其中大多数为工商业储能项目，项目规模一般较小。2010—2023 年我国储能累计投运项目数量如图 8-4 所示。

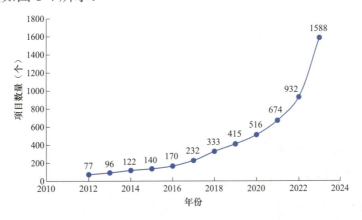

图 8-4　我国储能累计投运项目数量

（2）南方五省区储能开发建设情况。南方五省区新型储能呈现迅猛发展态势。近年来受国家和地方政策的推动，以及储能产业技术进步及成本快速下降，南方五省区新型储能市场发展迅猛。2023 年，南方五省区新增新型储能装机容量约 397 万 kW/773 万 kWh。截至 2023 年底，南方五省区累计投运新型储能项目装机容量约 478 万 kW/876 万 kWh，同比增长约 4.9 倍。南方五省区中，新能源配储和独立储能占五省累计装机的 90%以上；广西和贵州以独立储能为主，广东以火储调频、独立储能和用户侧储能为主。南方五省区新型储能累计装机应用分布如图 8-5 所示。

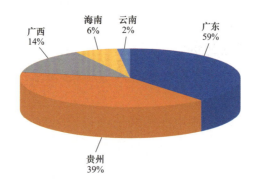

图 8-5 南方五省区新型储能累计装机应用分布

南方电网公司全力推动新型储能产业发展。南方电网公司在国内率先开展新型储能示范应用。近年来，公司积极发挥央企主力军作用，带动新型储能示范应用与规模化发展。目前已累计投运、在建新型储能项目约 59 项，合计规模约 91 万 kW，储备规模超过 100 万 kW，初步形成新型储能投资运营、施工建设、系统集成、调试试验等产业集群，其中，南网储能公司和南网科技公司是我国首批主营储能业务的上市企业，成为推动新型储能产业发展的重要力量。

1）深圳宝清电池储能电站。深圳宝清电池储能站是世界首座兆瓦级锂离子调峰调频电池储能站。深圳宝清电池储能站位于广东省深圳市龙岗区宝龙工业区，总占地面积 3900m^2，以 2 回 10kV 电缆接入深圳电网 110kV 碧岭变电站，具备削峰填谷、紧急系统调频、紧急系统调压和备用电源等功能，是世界首座兆瓦级锂离子调峰调频电池储能站。

深圳宝清电池储能电站由南方电网调峰调频发电公司建设运营，是南方电网兆瓦级电池储能站关键技术研究及应用的试点工程，设计规模 10MW/40MWh。工程首期建设 4MW/16MWh，2011 年 1 月首兆瓦电池储能系统投产，同年 9 月首期全部投运。2014 年 10 月，建成并投运国家"863 计划"储能课题 2MW/2MWh

高压级联电池储能系统示范工程；2019 年 12 月，建成并投运 4MW/4MWh 调频储能系统，电站投运总规模 10MW/22MWh。

深圳宝清电池储能电站定位为科研示范项目，自建设、运营以来，积极开展科研试验，探索大容量电池储能电站在配网侧的应用，积累运维经验，全面验证了电化学储能系统具备的快速、灵活的调峰、调频、调压、黑启动等功能特性和系列项目科研成果。深圳宝清电池储能电站为 20 多家单位提供了"产、学、研、用"科研合作平台，所取得的科研成果被推广应用于国内外多个风光储等电网工程以及大量的新能源汽车和发电厂控制装置，为我国电化学储能行业发展作出较大贡献，社会效益显著。工程的成功建设标志着我国在大容量电池储能核心技术和设备国产化上取得重大突破，是我国能源基础研究和建设领域取得的重大创新，对我国全面建设智能电网、大规模开发和利用新能源具有重要意义。

2）佛山宝塘电池储能电站。2024 年 1 月，位于南海的宝塘储能电站项目正式投运。宝塘储能电站装机规模为 300MW/600MWh，占粤港澳大湾区新型储能总量的 1/5，不仅是粤港澳大湾区规模最大的储能电站，也是我国一次性建成最大的电网侧独立储能电站。

宝塘电池储能电站是全国首个在城市负荷中心建设，采用双站点接入系统，同时为珠三角核心负荷地带两个 110kV 供电片区提供调峰调频服务的大型电池储能电站。为南方区域首个应用智慧储能数字化运营管控平台的电站。

宝塘电池储能电站是我国首个实现了多条锂电池储能技术路线的储能电站，宝塘电池储能站集成了 10 家系统供应商的 9 种技术路线。在同一电站同一调度方式下，对不同电池、不同冷却方式、不同变流器拓扑的运行性能进行对比验证，将有力提升新型储能产业的技术精益化水平，可以"毫秒级"地迅速响应电力系统调节需求。

3）南方电网公司首批电网侧独立储能电站示范项目。南方电网公司首批电网侧独立储能电站示范项目建成投产。2021 年底至 2022 年初陆续投产的黎贝站等 3 个电池储能项目，是南方电网公司新兴业务领域首批电网侧储能示范项目。其中，黎贝站电池储能项目在广东电网东莞 220kV 黎贝变电站内新建，建设规模 5MW/10MWh，其建设面积仅为 540m²，高度集成化是该储能电站的一大亮点和突破点；广东东莞 110kV 杨屋站电池储能项目在东莞 110kV 杨屋变电站围墙外新建，建设规模 10MW/20MWh；广州 110kV 芙蓉站电池储能项目建设在芙蓉变电站内，建设规模 5MW/10MWh。

三个示范项目的主要作用是解决变电站主变压器过载问题、储能电站将在用电低谷时段消纳来自附近地区的富余电源，在城市日用电高峰顶峰发电，同时为电网提供调频、调压、应急备用等辅助服务，提升片区调峰和供电能力，提高区域电网的供电可靠性和供电质量。同时，示范项目在标准化设计、全氟己酮消防技术路线、储能电站充放电模块发热及气体监视研究、储能系统模块化、高能量密度、高可靠性集成技术、电网侧储能分时多场景综合应用调控策略等方面进行示范。通过项目实施，形成了预制舱式电化学储能电站设计导则、设备技术规范、运行维护规程等一系列储能领域南方电网企业标准，对南方电网公司进一步推进储能项目建设和实施提供规范指导。

4）氢能项目开发建设。南方电网公司加快探索氢能应用关键技术及在电力行业的应用。南方电网公司将可再生能源并网与消纳技术作用为重点的发展方向，继 2018 年首台氢能应急发电车落户广东电网公司云浮供电局之后，第二台升级版氢能应急发电车已在广东电网公司江门供电局投入使用。为进一步布局氢能产业，开展前瞻性应用研究，2020 年南方电网公司首个氢能源领域研究中心广东电网公司广州供电局氢能源研究中心正式成立。

广州供电局氢能源研究中心在氢能全产业链关键技术领域科技研究全面布局，包括高能效电解水制氢、高能效低成本安全储氢、高性能低成本的燃料电池发电、氢能应急供电系统关键技术（应急电源车、配网不停电作业等）、氢综合能站技术攻关、氢能全产业链在电网集成应用研究等，并同步开展氢能在电网应用标准化系统及标准化建设研究等。尤其在 SOFC 高温燃料电池关键技术与核心零部件领域，引进国外先进设备和人才，通过工程示范—吸收转化—再创新的技术攻关模式，加快 SOFC 高温燃料电池关键技术研发。

（3）南方五省区储能运行情况。目前新型储能运行机制还不完备，利用率相对较低。新型储能普遍规模较小、布局分散且以短时储能为主，电网调度系统面临"点多面广""量小难调"问题；部分新能源自建储能目前还无法进行统一调度，新型储能的调节作用未能得到充分利用。

新型储能调度运用难题近期有望得到解决。国家能源局于 2024 年 4 月 2 日印发《关于促进新型储能并网和调度运用的通知》（国能发科技〔2024〕26 号），在系统层面明确了新型储能的调管范围，将接入电力系统并签订调度协议的新型储能分为调度调用型和电站自用型两类，并提出将独立储能电站、新能源配建储能、火电联合调频储能、具备接受调度指令的用户侧储能均纳入接受电网调度范畴。同时还明确了新型储能的调度运行管理方式，强调了新型储能并网调度技术和管理要求，鼓励技术优化升级和标准制度完善，推动新型储能调用加快提升。

南方电网公司切实落实国家能源局的有关新型储能并网和调度运行的通知，于 2024 年 4 月 15 日印发《南方电网新型储能调度运行规则（试行）》，提出将规范和加强南方电网新型储能电站的并网及调度运行管理技术要求，保障新型储能安全并网、高效调用。南方电网将持续完善新型储能并网及调度运行相关技术标准、制度规范，不断提高新型储能电站涉网技术指标和安全运行水平，优化新型储能调度运行机制，保障新型储能能并尽并、安全可用、高效利用，推动新能源配套新型储能独立接受调度。在国家和公司相关政策的推动下，新型储能调度运用难题近期有望得到解决，实现新型储能的科学高效调用。

第 9 章

推进新能源高质量发展举措

创新引领
智力共享

"十四五"期间，预计南方五省区新增新能源发电装机 1.64 亿 kW，将超过前期新增新能源 1 亿 kW 的规划目标。近年来，南方电网公司深入贯彻绿色发展理念，始终将促进新能源消纳作为一项重大政治任务和社会责任，以高度的政治责任感统筹推进相关工作，多措并举，压实责任，全力促进新能源消纳。2023 年，南方电网公司采取的主要措施包括加快构建新型电力系统，大力支持新能源发展，持续推进近零碳示范区建设，积极构建适应低碳发展的市场机制，全面助力"新电气化"发展，创新需求侧响应机制等方面。

9.1 加快构建新型电力系统

大力推进 35 个新型电力系统示范区建设，加快形成海南博鳌等一批示范性成果，形成可复制、可推广建设方案。2023 年 10 月，南方电网公司面向社会发布《南方电网新型电力系统发展报告（2021—2023）》，及时总结公司积极探索数字化绿色化协同推动构建新型电力系统和新型能源体系的南网实践。广东目标网架工程全面建成，并获评央企十大超级工程，广西实现 220kV 电网县域全覆盖，藏东南水电送南方区域纳入国家中长期新型电力体系布局规划，青桂直流纳入国家"十四五"电力规划。

9.2 大力支持新能源发展

实施支持和服务新能源加快发展重点举措，南方电网公司印发《公司新能源并网服务规范（试行版）》，推广应用新能源管理信息系统，全力服务国家第一批大型风电光伏基地建设，推动新能源"应开尽开、应并尽并、能并快并"。南方五省区全年新增新能源装机超过 4800 万 kW，新能源装机比重达到 26%，南方区域新能源总装机容量超过 1.3 亿 kW，可再生能源利用率连续五年超99%，清洁能源供给格局基本形成。

成功启动国内首个新能源功率预测价值生态圈培育计划，入驻国内外新能源预测算法团队近 30 家，成功构建南方区域预测价值生态圈，优秀算法实现部署应用。研发了国内首个新能源多时空尺度精确预测平台，开展平台组合预测技术、误差溯源及预测评价技术等前沿技术研究。

9.3 持续推进近零碳示范区建设

在公司系统遴选生产办公、经营展示、社会服务等各类型近零碳示范区 40 个，建立近零碳管理及评价机制，以点带面，全力打造公司零碳竞争力。已完成公司首批 16 个近零碳示范区验收，南宁六景供电所等 8 个示范区获得碳中和认证，推动绿电绿证消费近 1 亿 kWh。

9.4 积极构建适应低碳发展市场机制

立足南方区域电力市场，完善绿电绿证相关交易和激励机制，印发实施《加快推进新形势下南方区域绿电绿证市场建设工作方案》《南方区域绿色电力证书交易实施细则》，全年南方区域绿电绿证交易电量同比大幅增长 137%。首次开展广西送广东跨省区绿电认购交易约为 200 万 kWh，港澳跨境绿证交易实现"零"突破。推动中国-东盟博览会、广交会、海南博鳌论坛、消博会等国际活动实现 100%绿证消费。在深圳挂牌成立国内首家政企合建的"绿电绿证服务中心"。

9.5 全面助力"新电气化"发展

积极推广交通、工业、建筑、农业等重点领域电能替代，全年实现电能替代电量为 544 亿 kWh，同比增长 23%。公司充电基础设施持续规模化、市场化的发展，全年新建充电桩 1.84 万个，保有量达到 10.6 万个，南方五省区 4785 个行政乡镇在全国率先实现充电桩全覆盖，充电桩利用率同比提升 35%。在深圳建成全国首个电力充储放"一张网"。

9.6　创新需求侧响应机制

全面建立需求响应工作机制，以市场化机制引导用户侧主动"削峰填谷"，日前、日内、削峰、填谷等交易品种不断丰富，全网需求响应资源规模达到全网最高负荷的 9.8%。建成网、省两级负荷管理系统，实现对各级可调负荷资源的统一管理、统一调控和统一服务。建成首个区域级源荷聚合平台，公司分布式源荷聚合平台可调节能力超 269 万 kW，深圳虚拟电厂智慧调度运行管理云平台入选国家能源局《能源绿色低碳转型典型案例汇编》。

数 据 来 源

［1］国务院网站

［2］国家发展改革委网站

［3］国家能源局网站

［4］中国电力企业联合会

［5］广东省能源局网站

［6］云南省能源局网站

［7］贵州省能源局网站

［8］广西自治区能源局网站

［9］海南省能源局网站

［10］中国南方电网有限责任公司

［11］国际可再生能源署

［12］中国光伏行业协会

［13］中国化学与物理电源行业协会储能应用分会

［14］珠三角九市统计局

［15］香港政府统计处

［16］澳门统计暨普查局

参 考 文 献

［1］ IRENA, *Renewable Capacity Statistics 2024* [R]. IRENA, 2024.

［2］中国电力企业联合会.《2023—2024 年度全国电力供需形势分析预测报告》［R］. 中国电力企业联合会，2024.

［3］中国电力企业联合会.《全国电力工业统计快报》［R］. 中国电力企业联合会，2024.

［4］中国可再生能源学会风能专业委员会. 2023 年中国风电吊装统计简报［R］. 中国可再生能源学会风能专业委员会，2024.

［5］中国光伏行业协会.《2022—2023 年中国光伏产业年度报告》［R］. 中国光伏行业协会，2023.

［6］南方电网公司. 南方电网《2023 年社会责任报告》［R］. 南方电网公司，2023.

［7］国家能源局组织发布《新型电力系统发展蓝皮书》［EB/OL］. https://www.nea.gov.cn/2023-06/02/c_1310724249.htm.